U0829210

改进工作作风
密切联系群众
制度规范指引

《改进工作作风密切联系群众制度规范指引》编写组 编

中国法治出版社

编写说明

党的十八大以来，以习近平同志为核心的党中央以制定出台中央八项规定开局破题，坚持自上而下、以上率下，刹住了一些长期没有刹住的歪风，纠治了一些多年未除的顽瘴痼疾，解决了新形势下作风建设抓什么、怎么抓等重大问题。①

中央八项规定出台之后，作风建设得到加强，党风政风焕然一新，社风民风持续向好，我们党以作风建设新气象不断赢得人民群众衷心拥护。

改进工作作风、密切联系群众，关系党和人民事业成败。各级党政机关和领导干部要坚持以人为本、执政为民，带头改进工作作风，带头深入基层调查研究，带头密切联系群众，带头解决实际问题。②

为帮助广大党员领导干部学习理解改进工作作风、密切联

---

① 参见《擦亮新时代党的建设“金色名片”——以习近平同志为核心的党中央贯彻执行中央八项规定、推进作风建设纪实》，载新华网，https：//www.news.cn/politics/leaders/20250325/340284c34b2b40efbe71fbc27a7476d9/c.html，最后访问时间：2025年4月2日。

② 参见《中共中央政治局召开会议 审议关于改进工作作风、密切联系群众的有关规定》，载共产党员网，https：//news.12371.cn/2012/12/04/ARTI1354620958764106.shtml，最后访问时间：2025年4月1日。

系群众相关政策规定，掌握各项具体要求，便于各级纪检监察人员在监督执纪问责工作中准确把握政策要求，本书结合党员领导干部在工作和生活中经常遇到的实际情况，分类梳理了改进工作作风、密切联系群众的文件规定，包括纠治形式主义、官僚主义、享乐主义、奢靡之风，公务接待、公务差旅、公务用车等十余个方面。为便于读者检索使用，相关文件规定按发文时间排序。

目　录

第一章　基础问答

一、为何坚持以严的基调强化正风肃纪？

党风问题关系执政党的生死存亡。弘扬党的光荣传统和优良作风，促进党员干部特别是领导干部带头深入调查研究，扑下身子干实事、谋实招、求实效。锲而不舍落实中央八项规定精神，抓住“关键少数”以上率下，持续深化纠治“四风”，重点纠治形式主义、官僚主义，坚决破除特权思想和特权行为。把握作风建设地区性、行业性、阶段性特点，抓住普遍发生、反复出现的问题深化整治，推进作风建设常态化长效化。全面加强党的纪律建设，督促领导干部特别是高级干部严于律己、严负其责、严管所辖，对违反党纪的问题，发现一起坚决查处一起。坚持党性党风党纪一起抓，从思想上固本培元，提高党性觉悟，增强拒腐防变能力，涵养富贵不能淫、贫贱不能移、威武不能屈的浩然正气。①

二、什么是“改进工作作风、密切联系群众”的中央八项规定？

2012 年 12 月 4 日，中共中央政治局会议审议通过《十八届

---

① 《习近平：高举中国特色社会主义伟大旗帜 为全面建设社会主义现代化国家而团结奋斗——在中国共产党第二十次全国代表大会上的报告》，载中国政府网，https：//www. gov. cn/xinwen/2022-10/25/content_ 5721685. htm，最后访问时间：2025 年 2 月 14 日。

中央政治局关于改进工作作风、密切联系群众的八项规定》，即“中央八项规定”。①

具体包括：一、中央政治局全体同志要改进调查研究，到基层调研要深入了解真实情况，总结经验、研究问题、解决困难、指导工作，向群众学习、向实践学习，多同群众座谈，多同干部谈心，多商量讨论，多解剖典型，多到困难和矛盾集中、群众意见多的地方去，切忌走过场、搞形式主义；要轻车简从、减少陪同、简化接待，不张贴悬挂标语横幅，不安排群众迎送，不铺设迎宾地毯，不摆放花草，不安排宴请。二、要精简会议活动，切实改进会风，严格控制以中央名义召开的各类全国性会议和举行的重大活动，不开泛泛部署工作和提要求的会，未经中央批准一律不出席各类剪彩、奠基活动和庆祝会、纪念会、表彰会、博览会、研讨会及各类论坛；提高会议实效，开短会、讲短话，力戒空话、套话。三、要精简文件简报，切实改进文风，没有实质内容、可发可不发的文件、简报一律不发。四、要规范出访活动，从外交工作大局需要出发合理安排出访活动，严格控制出访随行人员，严格按照规定乘坐交通工具，一般不安排中资机构、华侨华人、留学生代表等到机场迎送。五、要改进警卫工作，坚持有利于联系群众的原则，减少交通管制，一般情况下不得封路、不清场闭馆。六、要改进新闻报道，中央政治局同志出席会议和活动应根据工作需要、新闻价值、社会效果决定是否报道，进一步压缩报道的数量、字数、时长。七、要严格文稿

---

① 《关于改进工作作风、密切联系群众的中央八项规定》，载《光明日报》2019年11月25日，第3版。

发表，除中央统一安排外，个人不公开出版著作、讲话单行本，不发贺信、贺电，不题词、题字。八、要厉行勤俭节约，严格遵守廉洁从政有关规定，严格执行住房、车辆配备等有关工作和生活待遇的规定。①

三、违反中央八项规定精神的表现有哪些，处理时需注意哪些要点？

违反中央八项规定精神问题主要包括形式主义、官僚主义和享乐主义、奢靡之风两大类，每一类又有若干具体表现。

实践中，在处理违反中央八项规定精神问题时需注意以下几点：一是在适用对象上，除中共党员外，非党员的公职人员也应当纳入其中，对非党员的公职人员违反中央八项规定精神的行为，也应当按照违反中央八项规定精神问题予以认定。二是在时间节点上，违纪行为发生在中央八项规定出台之后的，按违反中央八项规定精神问题认定。三是在文书表述上，如被审查人存在违反政治纪律的问题，应当将其违反中央八项规定精神问题表述在“违反政治纪律”之后，其余纪律问题之前；如不存在违反政治纪律的问题，应当将违反中央八项规定精神问题表述在其余纪律问题之前。四是在条款适用上，对违反中央八项规定精神问题，并不是直接依据中央八项规定作出定性处理，而是依据《中国共产党纪律处分条例》分则对应的具体条款。五是关于认定形式主义、官僚主义问题，在实践中，除《中国共产党纪律处分条

---

① 参见《关于改进工作作风、密切联系群众的八项规定与反腐败斗争》，载中国政府网，https：//www.gov.cn/xinwen/2014－11/02/content_2774141.htm，最后访问时间：2025年2月14日。

例》第一百三十二条列举的情形外，《中国共产党纪律处分条例》第一百二十二条、第一百二十三条、第一百二十六条、第一百四十九条等条款列举的情形，只要符合形式主义、官僚主义问题的本质特征，均可认定为形式主义、官僚主义，同时在文书的“违反中央八项规定精神”问题中予以单列表述。①

四、在持续深化落实中央八项规定精神、驰而不息纠治“四风”过程中，我们党积累了哪些宝贵经验？

一是坚持问题导向，聚焦突出问题。这是新时代作风建设新实践的鲜明特征，也是以改进作风赢得党心民心的关键所在。进入新时代，我们党把“四风”问题作为作风建设的主要矛盾和矛盾的主要方面来解决。事实证明，刹住了“四风”蔓延势头，党员干部干事创业的精气神才能进一步焕发。党的二十大报告明确要求，“持续深化纠治‘四风’，重点纠治形式主义、官僚主义，坚决破除特权思想和特权行为”，这进一步指明了深化作风建设的靶向所在、重心所在。

二是抓住“关键少数”，坚持以上率下。在作风建设中，领导干部具有风向标意义。党的十八大以来，党中央反复强调，领导干部要在作风建设上当表率、作示范。2013 年 1 月，习近平总书记在十八届中央纪委二次全会上指出：“‘善禁者，先禁其身而后人。’各级领导干部要以身作则、率先垂范，说到的就要做到，承诺的就要兑现，中央政治局同志从我本人做起。”中央怎么做，

① 参见《学习贯彻纪律处分条例 | 深化落实中央八项规定精神》，载中央纪委国家监委网站，https://www.ccdi.gov.cn/yaowenn/202403/t20240306_332473_m.html，最后访问时间：2025 年 2 月 14 日。

上层怎么做，领导干部怎么做，全党都在看。中央出台八项规定，习近平总书记始终带头执行，为中央政治局、为全党作出了示范。中央政治局同志从自身做起，带头弘扬党的优良作风，为全党作出表率。各地方和各部门党委（党组）主动向党中央看齐，结合本地区本部门实际，出台落实具体实施细则，形成上下齐心、以上率下的良好氛围，确保改进作风工作层层落实、收到实效。党的二十大报告明确提出“抓住‘关键少数’以上率下”，正是对这一成功经验的坚持和发展。

三是必须持之以恒，保持永远在路上的战略定力。习近平总书记多次强调，作风问题具有顽固性和反复性，形成优良作风不可能一劳永逸，克服不良作风也不可能一蹴而就。加强党的作风建设，要深刻认识作风建设的长期性、复杂性、艰巨性。党中央明确，中央八项规定不是五年、十年的规定，而是长期有效的铁规矩、硬杠杠。党的二十大报告提出“锲而不舍落实中央八项规定精神”，要求“把握作风建设地区性、行业性、阶段性特点，抓住普遍发生、反复出现的问题深化整治，推动作风建设常态化长效化”。这一论述，彰显了党中央把作风建设进行到底的坚强决心。①

五、为什么要坚定不移全面从严治党，深入推进新时代党的建设新的伟大工程？

党的二十大报告提出，全面建设社会主义现代化国家、全面推进中华民族伟大复兴，关键在党。我们党作为世界上最大的马

---

① 参见《锲而不舍落实中央八项规定精神》，载共产党员网，https：//www. 12371. cn/2024/05/28/VIDE1716866882105618. shtml，最后访问时间：2025 年 2 月 14 日。

克思主义执政党，要始终赢得人民拥护、巩固长期执政地位，必须时刻保持解决大党独有难题的清醒和坚定。经过十八大以来全面从严治党，我们解决了党内许多突出问题，但党面临的执政考验、改革开放考验、市场经济考验、外部环境考验将长期存在，精神懈怠危险、能力不足危险、脱离群众危险、消极腐败危险将长期存在。全党必须牢记，全面从严治党永远在路上，党的自我革命永远在路上，决不能有松劲歇脚、疲劳厌战的情绪，必须持之以恒推进全面从严治党，深入推进新时代党的建设新的伟大工程，以党的自我革命引领社会革命。

我们要落实新时代党的建设总要求，健全全面从严治党体系，全面推进党的自我净化、自我完善、自我革新、自我提高，使我们党坚守初心使命，始终成为中国特色社会主义事业的坚强领导核心。①

六、为什么要扎实改进作风？

干部作风是人民群众观察评价党风的晴雨表。党的十八大以来的实践证明，作风建设必须以上率下，用钉钉子精神抓落实。抓好全党作风建设，首先要抓好中央委员会作风建设。新一届中央委员会务必保持党的十八大以来业已形成的党风建设的良好势头，并争取做得更好。中央委员会的每一位同志都要勤勤恳恳为民，兢兢业业干事，清清白白做人。勤勤恳恳为民，就是要践行全

① 《习近平：高举中国特色社会主义伟大旗帜 为全面建设社会主义现代化国家而团结奋斗——在中国共产党第二十次全国代表大会上的报告》，载中国政府网，https：//www. gov. cn/xinwen/2022-10/25/content_ 5721685. htm，最后访问时间：2025 年 2 月 14 日。

心全意为人民服务的根本宗旨，做人民公仆，始终把人民群众安危冷暖放在心上，想问题、作决策、抓工作坚持从群众中来、到群众中去，时时做到与群众同甘苦、共忧乐、共奋进。兢兢业业干事，就是要确立献身党和人民事业的崇高情怀，聚精会神履行党和人民赋予的神圣职责，实干苦干，不务虚功，夙兴夜寐，勤奋工作，以一流业绩回报党和人民的信任和重托。清清白白做人，就是要一身正气、两袖清风，自觉遵守廉洁自律准则，自觉遵守中央八项规定精神，自觉接受监督，敬畏人民、敬畏组织、敬畏法纪，公正用权、依法用权、廉洁用权，拒腐蚀、永不沾，决不搞特权，决不以权谋私，做一个堂堂正正的共产党人。我们的领导干部不仅要自身过得硬，还要管好家属和身边工作人员，履行好自己负责领域的党风廉政建设责任，坚决同各种不正之风和腐败现象作斗争。①

七、党的作风建设的核心和重点是什么？

作风问题核心是党同人民群众的关系问题。加强干部作风建设，最重要的是要抓住保持同人民群众的血肉联系这个核心问题。②

八、《中国共产党纪律处分条例》中对于对待群众态度恶劣、简单粗暴，造成不良影响的领导如何处理？

《中国共产党纪律处分条例》第一百二十六条规定：“有下列

---

① 《习近平在党的十九届一中全会上的讲话》，载人民网，http：//jhsjk.people.cn/article/29738466，最后访问时间：2025 年 2 月 14 日。

② 参见曲青山：《新时代加强党的作风建设的锐利思想武器——学习习近平总书记关于加强党的作风建设的重要论述》，载《求是》2025 年第 7 期。

行为之一，对直接责任者和领导责任者，情节较重的，给予警告或者严重警告处分；情节严重的，给予撤销党内职务或者留党察看处分……（三）对待群众态度恶劣、简单粗暴，造成不良影响……”

九、《中华人民共和国公职人员政务处分法》中对于工作中有形式主义、官僚主义行为，造成不良后果或影响的公职人员如何处理？

《中华人民共和国公职人员政务处分法》第三十九条规定：“有下列行为之一，造成不良后果或者影响的，予以警告、记过或者记大过；情节较重的，予以降级或者撤职；情节严重的，予以开除……（三）工作中有形式主义、官僚主义行为的……”

十、《中华人民共和国公职人员政务处分法》中对于收受可能影响公正行使公权力的礼品、礼金、有价证券等财物的公职人员如何处理？

《中华人民共和国公职人员政务处分法》第三十四条规定：“收受可能影响公正行使公权力的礼品、礼金、有价证券等财物的，予以警告、记过或者记大过；情节较重的，予以降级或者撤职；情节严重的，予以开除……”

十一、《国有企业管理人员处分条例》中对于公职人员利用职务上的便利，索取他人财物或者非法收受他人财物，为他人谋取利益的行为如何处理？

《国有企业管理人员处分条例》第十九条规定：“国有企业管

理人员有下列行为之一的，依据公职人员政务处分法第三十三条的规定，予以警告、记过或者记大过；情节较重的，予以降级或者撤职；情节严重的，予以开除……（二）利用职务上的便利，索取他人财物或者非法收受他人财物，为他人谋取利益……”

十二、《整治形式主义为基层减负若干规定》的主要框架和内容是什么？

《整治形式主义为基层减负若干规定》共 7 个部分，21 条具体规定。一是“切实精简文件”，主要规定严控文件数量、提升文件质量、加强评估审查等。二是“严格精简会议”，主要规定严控会议数量、控制规模规格、提升质量效率等。三是“统筹规范督查检查考核”，主要规定严格计划和备案管理、改进方式方法、严控对基层督查检查考核总量等。四是“规范借调干部”，主要规定不向县及以下单位借调干部、严控向市及以上单位借调干部等。五是“规范政务移动互联网应用程序管理”，主要规定清理整合面向基层的政务应用程序、严格建设管理、防止功能异化等。六是“规范明晰基层权责”，主要规定建立健全职责清单，完善清单外事项准入制度，规范工作机制、挂牌和证明事项，依法依规确定基层信访工作职责等。七是“规范创建示范和达标活动”，主要规定精简种类数量、注重创建示范实效、在基层不搞达标活动等。①

---

① 参见《健全为基层减负长效机制 以作风建设保障改革促进发展——中央办公厅负责人就〈整治形式主义为基层减负若干规定〉答记者问》，载新华网，https：//www.xinhuanet.com/20240819/0d831fc8f9fa4e1ca98c161b878b5677/c.html，最后访问时间：2025 年 2 月 14 日。

第二章　规范列举及警示教育案例

一、综合规定

十八届中央政治局关于改进工作作风、密切联系群众的八项规定（新闻稿摘要）

（2012 年 12 月 4 日）

党政机关厉行节约反对浪费条例

（2013 年 11 月 18 日）

中国共产党廉洁自律准则

（2015 年 10 月 18 日）

中华人民共和国公职人员政务处分法

（2020 年 6 月 20 日）

事业单位工作人员处分规定

（2023 年 11 月 6 日）

中国共产党纪律处分条例

（2023 年 12 月 19 日）

国有企业管理人员处分条例

（2024 年 5 月 21 日）

二、纠治形式主义、官僚主义

1. 相关文件规定

评比达标表彰活动管理办法

（2018 年 12 月 21 日）

关于解决形式主义突出问题为基层减负的通知

（2019 年 3 月 6 日）

关于持续解决困扰基层的形式主义问题为决胜全面建成小康社会提供坚强作风保证的通知

（2020 年 4 月 13 日）

创建示范活动管理办法（试行）

（2022 年 4 月 20 日）

关于防治“指尖上的形式主义”的若干意见

（2023 年 12 月 18 日）

2. 警示教育案例

（1）情形一：下达不切实际的任务

N 省 G 市卫生健康委党组成员、副主任杨某在组织开展创建国家卫生城市工作中下达不切实际的任务，加重基层负担问题。

2024 年 1 月，G 市卫生健康委在组织开展创卫城市工作满意度网上问卷调查工作中，为确保问卷调查满意度达到 90% 以上，以 G 市爱卫办的名义，向 Y 区和市直相关部门下达不切实际的任务指标，并分别明确了公务员、教师、学生、医务人员的填卷比例。Y 区为完成考核任务再次下发通知，要求各单位按照指标完成问卷调查、截图留痕，部分学校还通知学生家长参与问卷调查。杨某受到党内严重警告处分。①

（2）情形二：违规组织考核评比

H 省 S 市 L 区环境卫生事务中心副主任吕某违规组织开展生活垃圾分类考核评比，加重基层负担问题。

2022 年 6 月至 2024 年 5 月，吕某在 L 区生活垃圾分类考核事项没有列入全区督查检查考核事项、没有按程序报批的情况下，定期对有关单位进行随机抽查考核，共违规组织开展考核 7 次；其间，还擅自组织 4 次城市生活垃圾分类考核评比活动，加重基层负担。吕某受到党内警告处分。②

（3）情形三：组织会议过多过频

X 省 H 市 Y 卫生院院长于某组织会议过多过频，加重基层负担问题。

于某落实基层减负要求不到位，大搞文山会海，2023 年召开晨会和午会共计 200 余次，要求全体医护人员参加，影响医护人员接诊。于某还存在其他违纪问题，受到党内严重警告处分。③

---

① 参见《中央纪委国家监委公开通报八起违反中央八项规定精神典型问题》，载中央纪委国家监委网，https：//www. ccdi. gov. cn/toutiaon/202409/t20240912_ 374829. html，最后访问时间：2025 年 2 月 14 日。

② 参见《中央纪委国家监委公开通报八起违反中央八项规定精神典型问题》，载中央纪委国家监委网，https：//www. ccdi. gov. cn/toutiaon/202409/t20240912_ 374829. html，最后访问时间：2025 年 4 月 1 日。

③ 参见《中央纪委国家监委公开通报八起违反中央八项规定精神典型问题》，载中央纪委国家监委网，https：//www. ccdi. gov. cn/toutiaon/202409/t20240912_ 374829. html，最后访问时间：2025 年 4 月 1 日。

（4）情形四：不履责

D 市 X 区 Y 街道原二级调研员张某在发放居家养老补贴审核工作中不认真履行职责，造成财政资金损失问题。

张某在负责街道特殊困难人群养老服务等社会救助工作期间，对政策文件不研究，工作不负责任，在社区向其报告 2 名居民不再符合政策条件，应停发居家养老补贴的情况下，未将上述情况及时报告至区民政局，分别造成 2 人补贴资金被违规发放 65 个月、26 个月。2024 年 6 月，张某受到党内警告处分。①

三、纠治享乐主义、奢靡之风

1. 相关文件规定

中国共产党廉洁自律准则

（2015 年 10 月 18 日）

2. 警示教育案例

（1）情形一：违规出入私人会所

Z 市委原书记范某违规出入私人会所问题。

2018 年至 2020 年，范某多次出入位于某 5A 级旅游景区的豪华会所，并多次在该会所组织或接受宴请，相关费用由私营企业主支付。范某还存在其他严重违纪违法问题，被开除党籍、开除

---

① 参见《大连通报 3 起不担当不作为乱作为典型案例》，载中央纪委国家监委网，https：//www. ccdi. gov. cn/yaowenn/202408/t20240830_ 371956. html，最后访问时间：2025 年 4 月 1 日。

公职，涉嫌犯罪问题被移送检察机关依法审查起诉。①

（2）情形二：开设“私人食堂”

W省供销合作联社原党组书记、理事会主任李某违规要求私营企业主为其开设“私人食堂”等问题。

2012年至2021年，李某要求私营企业主在高档住宅小区租房开设“私人食堂”，供其个人聚餐和接待，相关费用由私营企业主支付；要求下属代其支付购买茶叶的钱款共计20万元，并先后收受下属礼金、消费卡共计18万元。2014年至2018年，李某长期无偿借用合作企业一辆高档商务车。李某还存在其他严重违纪违法问题，被开除党籍、开除公职，涉嫌犯罪问题被移送检察机关依法审查起诉。②

（3）情形三：违规进行高档运动

W省农村信用社联合社原党委书记、理事长周某违规打高尔夫球等问题。

2017年至2022年，周某多次接受私营企业主邀请，在广东、海南等地打高尔夫球，相关费用由私营企业主支付。2011年至2017年，周某长期违规借用私营企业主一辆高档越野车。2017年至2022年，周某先后收受私营企业主礼金共计20万元、高档白酒42瓶。周某还存在其他严重违纪违法问题，被开除党籍，

---

① 参见《广东通报9起违反中央八项规定精神典型问题》，载中央纪委国家监委网，https://www.ccdi.gov.cn/yaowenn/202304/t20230424_260465.html，最后访问时间：2025年4月1日。

② 参见《广东通报9起违反中央八项规定精神典型问题》，载中央纪委国家监委网，https://www.ccdi.gov.cn/yaowenn/202304/t20230424_260465.html，最后访问时间：2025年4月1日。

涉嫌犯罪问题被移送检察机关依法审查起诉。①

(4) 情形四:谋求个人生活特殊待遇

G集团有限公司原党委委员、副总经理宋某违规收受礼品,接受可能影响公正执行公务的宴请,谋求个人生活特殊待遇等问题。

2018年至2023年,宋某多次收受下属所送高档烟酒等礼品;接受私营企业主为其举办生日宴会,相关费用由私营企业主支付。宋某到G集团任职后,为谋求个人生活特殊待遇,于2013年2月将其原任职单位的驾驶员借调到G集团专门为其服务,直至2023年11月该驾驶员才返回原单位。宋某还存在其他严重违纪违法问题。2024年1月,宋某被开除党籍、开除公职,涉嫌犯罪问题被移送检察机关依法审查起诉。②

四、公务接待

1. 相关文件规定

党政机关厉行节约反对浪费条例

(2013年11月18日)

2. 警示教育案例

(1) 情形一:套取公款超标准接待

Z市L镇政府套取公款超标准接待问题。

2023年,L镇政府多次在公务接待中提供价格较高的时令海

① 参见《广东通报9起违反中央八项规定精神典型问题》,载中央纪委国家监委网,https://www.ccdi.gov.cn/yaowenn/202304/t20230424_260465.html,最后访问时间:2025年4月1日。

② 参见《贵州通报6起违反中央八项规定精神典型问题》,载中央纪委国家监委网,https://www.ccdi.gov.cn/yaowenn/202404/t20240425_343881.html,最后访问时间:2025年4月1日。

鲜进行超标准接待，并通过虚增用餐、陪餐人次的方式核销超标准接待产生的费用，多次无公函接待。2024 年 8 月，时任镇党委书记纪某，镇党委副书记、镇长程某等受到党内警告处分。①

（2）情形二：内部食堂违规宴请

C 区房屋（土地）征收中心原党支部书记、主任陈某违规接受宴请等问题。

2019 年至 2024 年 2 月，陈某多次接受管理和服务对象在公司食堂等场所安排的宴请。陈某还存在其他严重违纪违法问题，被开除党籍、开除公职，涉嫌犯罪问题被移送检察机关依法审查起诉。②

（3）情形三：挂账消费

X 州 M 县司法局党组成员、政工室主任玉某以单位名义长期挂账、违规公款吃喝问题。

2021 年 7 月至 2024 年 4 月，玉某任 M 县 M 镇党委书记期间，M 镇政府采取单位挂账方式，在镇上私营饭店开展多次公务接待，相关费用长期未结清，损害群众利益，且部分公务接待无公函、无事由，部分超标准、违规提供酒水，玉某参加了部分违规接待，对此负有直接责任和领导责任。此外，玉某两次授意工作人员安排乡镇超市配送白酒用于私人聚餐，酒水费用以镇党委政府公款消费名义长期挂账。玉某还存在其他违纪问题，2024 年

---

① 参见《辽宁通报 5 起违规吃喝典型问题》，载中央纪委国家监委网，https：//www. ccdi. gov. cn/yaowenn/202411/t20241119_ 388826. html，最后访问时间：2025 年 4 月 1 日。

② 参见《上海通报 4 起违反中央八项规定精神问题》，载中央纪委国家监委网，https：//www. ccdi. gov. cn/yaowenn/202412/t20241227_ 397140. html，最后访问时间：2025 年 4 月 1 日。

6 月受到党内严重警告处分。其他相关人员分别受到相应处理。①

（4）情形四：违规组织公款聚餐

L 市 G 集团公司原党委书记、董事长黄某违规收受消费卡、违规组织公款聚餐问题。

2021 年 2 月至 2024 年 2 月，黄某任 L 市 G 集团公司党委书记、董事长期间，多次在春节期间收受管理和服务对象所送加油卡。2023 年 1 月集团公司召开年度工作会议，在不安排会议用餐的情况下，黄某于会后违规组织集团公司领导班子成员、部门负责人和二、三级企业主要负责人等 30 余人在集团公司下属酒店聚餐并饮酒，产生的费用由酒店承担。黄某还存在其他严重违纪违法问题，2024 年 7 月被开除党籍、开除公职，涉嫌犯罪问题被移送检察机关依法审查起诉。参与公款聚餐人员分别受到相应处理。②

（5）情形五：转嫁公务接待费用

E 市交通运输局党组成员、总工程师董某违规向管理服务企业转嫁公务接待费用问题。

2023 年 2 月，E 市交通运输局违反公务接待管理规定，将接待上级调研组费用转嫁给管理服务对象某交通工程建设项目部承担，董某负直接责任。2023 年 6 月，董某受到党内警告处分。③

---

① 参见《云南通报 2 起违规公款吃喝问题》，载中央纪委国家监委网，https：//www. ccdi. gov. cn/yaowenn/202412/t20241229_ 397296. html，最后访问时间：2025 年 4 月 1 日。

② 参见《云南通报 2 起违规公款吃喝问题》，载中央纪委国家监委网，https：//www. ccdi. gov. cn/yaowenn/202412/t20241229_ 397296. html，最后访问时间：2025 年 4 月 1 日。

③ 参见《湖北通报 5 起交通建设领域违纪违法典型案例》，载中央纪委国家监委网，https：//www. ccdi. gov. cn/yaowenn/202310/t20231010_ 299017. html，最后访问时间：2025 年 4 月 1 日。

五、公务差旅

1. 相关文件规定

加强党政干部因公出国（境）经费管理暂行办法

(2008 年 8 月 5 日)

用公款出国（境）旅游及相关违纪行为处分规定

(2010 年 8 月 12 日)

关于实行党风廉政建设责任制的规定

(2010 年 11 月 10 日)

党政机关厉行节约反对浪费条例

(2013 年 11 月 18 日)

因公临时出国经费管理办法

(2013 年 12 月 20 日)

中央和国家机关差旅费管理办法

(2013 年 12 月 31 日)

中央和国家机关差旅费管理办法有关问题的解答

(2014 年 9 月 15 日)

关于调整中央和国家机关差旅住宿费标准等有关问题的通知

(2015 年 9 月 30 日)

中央和国家机关工作人员赴地方差旅住宿费标准明细表

(2016 年 4 月 1 日)

关于规范差旅伙食费和市内交通费收交管理有关事项的通知

(2019 年 7 月 3 日)

中国共产党纪律处分条例

(2023 年 12 月 19 日)

2. 警示教育案例

（1）情形一：违规公款旅游

F 市信访局原党组成员、三级调研员胡某公款旅游问题。

2022 年至 2024 年，胡某在被派驻外地工作期间，多次搭乘飞机前往景区旅游，并违规报销部分机票费用。胡某还存在其他违纪违法问题，受到开除党籍、政务撤职处分。①

（2）情形二：巧立名目公款旅游

H 市 F 区城市管理行政执法局原副局长吴某（主持工作）等人以培训之名违规公款旅游问题。

2020 年 10 月，F 区城市管理行政执法局收到某协会拟在海南三亚举办培训班的材料，吴某与另外 2 名副局长商议利用这次机会去三亚等地游玩。2020 年 11 月，吴某等 4 人乘飞机前往海南海口，将 23200 元培训费交给培训机构后，直接从机场乘坐高铁至三亚游玩，未参加培训，后又返回海口游玩。2020 年 12 月，吴某安排以参加业务培训名义在本单位报销相关费用。2021 年 12 月，吴某受到党内严重警告（影响期二年）、政务撤职处分，相关违纪违法资金予以收缴，其他相关人员分别受到相应处理。②

---

① 参见《广东通报 9 起违反中央八项规定精神问题》，载中央纪委国家监委网，https：//www. ccdi. gov. cn/yaowenn/202412/t20241228_ 397223. html，最后访问时间：2025 年 4 月 1 日。

② 参见《安徽通报 6 起违规旅游典型问题》，载中央纪委国家监委网，https：//www. ccdi. gov. cn/yaowenn/202303/t20230314_ 252651. html，最后访问时间：2025 年 4 月 1 日。

（3）情形三：违规组织旅游

L粮油集团有限公司原副总经理，L粮食储备库有限公司原党委书记、董事长康某违规吃喝、违规旅游等问题。

2018年4月至2023年1月，康某等人违规吃喝，相关费用由L粮食储备库有限公司公款报销；违规组织本单位有关人员多次赴云南丽江、西双版纳、大理等地旅游，用公款报销旅游费用。康某还存在其他违纪违法问题，受到撤销党内职务、政务撤职处分（按照市属国企中层正职对待，降低薪酬待遇）。①

（4）情形四：未履行公务出差审批程序借机旅游

C区工商联二级调研员陈某、一级主任科员孙某接受管理和服务对象安排的旅游活动等问题。

2024年6月，陈某、孙某未履行公务出差及离京审批程序，赴江苏参加工商联会员单位组织的考察活动。其间，二人跟随考察团参观游览景点项目，交通、食宿、门票等费用均由该会员单位企业承担。陈某、孙某分别受到党内警告处分。②

（5）情形五：超标准乘坐交通工具

C市L区农业农村局原党组书记、局长潘某违规发放津补贴，违规公款吃喝，超标准乘坐交通工具问题。

2015年至2024年，潘某通过挪用资金、虚开发票等方式套取公款，私设“小金库”，用于违规发放津补贴，支付违规吃喝

① 参见《甘肃通报4起违反中央八项规定精神问题》，载中央纪委国家监委网，https://www.ccdi.gov.cn/yaowenn/202409/t20240914_375365.html，最后访问时间：2025年4月1日。

② 参见《北京通报6起违反中央八项规定精神问题》，载中央纪委国家监委网，https://www.ccdi.gov.cn/yaowenn/202412/t20241230_397582.html，最后访问时间：2025年4月1日。

费用；同时，潘某多次超标准乘坐高铁一等座，违规报销相关费用。潘某还存在其他严重违纪违法问题。2024 年 8 月，潘某被开除党籍、开除公职，涉嫌犯罪问题被移送检察机关依法审查起诉。①

六、公务用车

1. 相关文件规定

党政机关公务用车预算决算管理办法

（2011 年 2 月 25 日）

关于全面推进公务用车制度改革的指导意见

（2014 年 7 月 12 日）

中央和国家机关公务用车制度改革方案

（2014 年 7 月 12 日）

中央事业单位公务用车制度改革实施意见

（2015 年 12 月 29 日）

中央企业公务用车制度改革实施意见

（2015 年 12 月 29 日）

党政机关公务用车管理办法

（2017 年 12 月 5 日）

中央国家机关所属事业单位公务用车管理办法（试行）

（2023 年 9 月 12 日）

---

① 参见《辽宁通报 5 起违反中央八项规定精神问题》，载中央纪委国家监委网，https：//www. ccdi. gov. cn/yaowenn/202409/t20240913_ 374998. html，最后访问时间：2025 年 4 月 1 日。

2. 警示教育案例

（1）情形一：公车私用

Q 省 X 市公安局 G 公安分局刑警大队原副大队长沈某公车私用问题。

2020 年 3 月至 10 月，沈某担任 G 公安分局扫黑专班副大队长期间，多次驾驶公车上下班，12 次接送家属和其他无关人员，并将公车交由家属驾驶。2021 年 5 月，沈某受到党内警告、政务警告处分，并调整工作岗位。①

（2）情形二：违规借用管理和服务对象车辆

H 市委原常委、宣传部原部长张某违规借用管理和服务对象车辆等问题。

2021 年至 2022 年，张某长期违规借用管理和服务对象的车辆供个人使用，并由管理和服务对象支付用车费用。张某还存在其他严重违纪违法问题。2024 年 11 月，张某受到开除党籍、开除公职处分，涉嫌犯罪问题被移送司法机关处理。②

（3）情形三：违反交规

J 市 Y 县卫生健康局原党组成员潘某醉酒驾驶机动车及背后违规吃喝问题。

潘某醉酒驾驶机动车被公安机关依法查获，经 J 市 J 区人民法院审理认为潘某犯危险驾驶罪，判处拘役一个月（缓刑二个

---

① 参见《本网推出五一、端午期间“四风”问题监督举报曝光专区 首批通报 6 起典型案例》，载中央纪委国家监委网，https：//www. ccdi. gov. cn/toutiaon/202205/t20220506_ 190793. html，最后访问时间：2025 年 4 月 1 日。

② 参见《湖南通报 7 起违反中央八项规定精神问题》，载中央纪委国家监委网，https：//www. ccdi. gov. cn/yaowenn/202501/t20250123_ 402137. html，最后访问时间：2025 年 4 月 1 日。

月）并处罚金 3000 元。纪检监察机关倒查发现，事故当天，潘某接受管理服务对象宴请并饮酒，相关费用由管理服务对象支付。潘某被开除党籍、开除公职。①

（4）情形四：私车公养

C 市 C 区人民法院原党组书记、院长庄某违规收受礼品、礼金、购物卡，接受可能影响公正执行公务的旅游活动安排及车辆免费维修保养等问题。

2017 年至 2024 年，庄某多次收受管理和服务对象所送礼金、购物卡及高档烟酒等礼品；接受私营企业主安排，赴外省旅游，相关费用均由私营企业主支付；在单位公车定点维修场所，为其私家车免费进行维修、保养。庄某还存在其他严重违纪违法问题，被开除党籍、开除公职，涉嫌犯罪问题被移送检察机关依法审查起诉。②

（5）情形五：公油私用

C 州 S 县自然资源局公务加油卡失管、“公油私用”问题。

S 县自然资源局不严格执行单位内部管理制度，对单位公务加油卡管理流于形式，导致 2023 年 11 月至 12 月，2 名单位外聘驾驶员私自使用单位公务加油卡为各自私家车加油。2024 年 5 月，S 县自然资源局办公室主任黄某受到党内警告处分，分管办公室工作的副局长尹某受到通报问责，其他相关人员分别受到相

---

① 参见《甘肃通报 5 起违反中央八项规定精神问题》，载中央纪委国家监委网，https：//www. ccdi. gov. cn/yaowenn/202412/t20241231_ 397669. html，最后访问时间：2025 年 4 月 1 日。

② 参见《长春通报 5 起违反中央八项规定精神问题》，载中央纪委国家监委网，https：//www. ccdi. gov. cn/yaowenn/202412/t20241231_ 397643. html，最后访问时间：2025 年 4 月 1 日。

应处理。①

（6）情形六：超标准配备公车

H发展集团有限公司原党委书记、董事长童某违规收受礼品、礼金，超标准配备公车和接受可能影响公正执行公务的旅游安排等问题。

2018年至2021年，童某先后收受多名管理服务对象所送礼金、购物卡和高档酒水21箱零6瓶、海参36盒等礼品，折合共计48.52万元，其中多次发生在春节等节日期间。2020年12月，童某违规决策购置公务车，并将其中1辆超标车辆作为个人专车。2016年至2021年，童某多次接受私营企业主安排赴皖南“川藏线”、六安、扬州等地旅游，相关费用均由私营企业主支付。2018年至2021年，童某在H集团报销其家庭聚餐消费共计0.76万元。童某还存在其他严重违纪违法问题。2022年12月，童某被开除党籍、开除公职，涉嫌犯罪问题被移送检察机关依法审查起诉。②

（7）情形七：领取车补占用公车

K市L县人大常委会副主任王某既领取公务交通补贴又违规使用公务用车问题。

王某在2018年5月至2020年3月任L县教育体育局党组书记、局长期间，领取公务交通补贴共计17250元，仍长期乘坐或

---

① 参见《云南通报2起违规配备使用公车典型问题》，载中央纪委国家监委网，https://www.ccdi.gov.cn/yaowenn/202410/t20241008_379366.html，最后访问时间：2025年4月1日。

② 参见《安徽通报7起违反中央八项规定精神典型问题》，载中央纪委国家监委网，https://www.ccdi.gov.cn/yaowenn/202212/t20221227_238425.html，最后访问时间：2025年4月1日。

私自驾驶本单位公务用车上下班以及办理个人事务，2020 年 10 月，王某受到党内警告处分；公务交通补贴予以退缴。①

七、会议培训

1. 相关文件规定

因公短期出国培训费用管理办法

（2014 年 2 月 25 日）

关于严禁党政机关到风景名胜区开会的通知

（2014 年 9 月 19 日）

中央和国家机关会议费管理办法

（2016 年 6 月 29 日）

中央和国家机关培训费管理办法

（2016 年 12 月 27 日）

干部教育培训学员管理规定

（2019 年 11 月 28 日）

关于《中央和国家机关会议费管理办法》的补充通知

（2023 年 5 月 30 日）

干部教育培训工作条例

（2023 年 9 月 19 日）

中国共产党纪律处分条例

（2023 年 12 月 19 日）

---

① 参见《云南通报 3 起违规配备使用公务用车问题》，载中央纪委国家监委网，https://www.ccdi.gov.cn/jdjbnew/wfbxgd/202203/t20220329_182803.html，最后访问时间：2025 年 4 月 1 日。

2. **警示教育案例**

(1) **情形一：借培训之机公款旅游**

W州Y县第一中学、第三高级中学、民族中学借培训之机公款旅游问题。

2022年6月，Y县第一中学、第三高级中学、民族中学联合组织教师赴省外参加培训期间，未按原计划开展，带队领导擅自接受培训方安排，组织参训教师到培训当地多个景区景点参观游玩，相关费用以培训费冲抵。2024年5月，培训带队领导、民族中学副校长吴某，时任第一中学副校长杨某分别受到党内警告处分；培训带队领导、第二高级中学校长（时任第三高级中学副校长）马某还存在其他违纪问题，受到党内严重警告处分。①

(2) **情形二：培训期间公款吃喝**

省博物馆在培训期间违规组织参与公款吃喝问题。

2022年11月17日，在省博物馆举办全省文博展览策划及策展人高级专题研修班期间，省文物总店公司总经理范某提议以公司名义宴请研修班学员，省博物馆馆长刘某同意提议并以单位名义违规组织研修班学员及省博物馆领导班子成员参加宴请，席间部分学员饮用省文物总店公司工作人员自带的白酒，宴请费用由省文物总店公司公款报销。2024年6月，刘某受到党内严重警告处分，范某受到党内警告处分，其他参加宴请的人员分别受到相应处理。②

---

① 参见《云南通报2起公职人员违规旅游问题》，载中央纪委国家监委网，https://www.ccdi.gov.cn/yaowenn/202501/t20250127_403004.html，最后访问时间：2025年4月1日。

② 参见《云南通报3起违规吃喝典型问题》，载中央纪委国家监委网，https://www.ccdi.gov.cn/yaowenn/202409/t20240915_375664.html，最后访问时间：2025年4月1日。

(3) 情形三：培训期间聚餐饮酒

N 市 H 镇党委书记单某等培训期间聚餐饮酒问题。

2024 年 7 月 1 日，H 市举办乡镇党政正职综合能力提升培训班，当晚单某邀请 8 名同期参加培训的乡镇党委书记、乡镇长在培训驻地聚餐饮酒，造成不良影响。2024 年 7 月，单某受到党内严重警告处分，其他责任人员受到相应处理。①

八、礼品礼金

1. 相关文件规定

关于在对外公务活动中赠送和接受礼品的规定

(1993 年 12 月 5 日)

关于对党和国家机关工作人员在国内交往中收受的礼品实行登记制度的规定

(1995 年 4 月 30 日)

关于中央党政机关工作人员在国内交往中收受礼品登记和处理办法

(1995 年 9 月 2 日)

关于严格禁止利用职务上的便利谋取不正当利益的若干规定

(2007 年 5 月 29 日)

关于在全国纪检监察系统开展会员卡专项清退活动的通知

(2013 年 5 月 25 日)

---

① 参见《黑龙江通报 6 起违反中央八项规定精神典型问题》，载中央纪委国家监委网，https://www.ccdi.gov.cn/yaowenn/202409/t20240910_374107.html，最后访问时间：2025 年 4 月 1 日。

关于落实中央八项规定精神坚决刹住中秋国庆期间公款送礼等不正之风的通知

（2013 年 9 月 3 日）

关于严禁公款购买印制寄送贺年卡等物品的通知

（2013 年 10 月 31 日）

关于严禁元旦春节期间公款购买赠送烟花爆竹等年货节礼的通知

（2013 年 11 月 21 日）

中国共产党廉洁自律准则

（2015 年 10 月 18 日）

事业单位工作人员处分规定

（2023 年 11 月 6 日）

中国共产党纪律处分条例

（2023 年 12 月 19 日）

国有企业管理人员处分条例

（2024 年 5 月 21 日）

2. 警示教育案例

（1）情形一：借逢年过节收受礼金

D 市 Y 县委原常委、县人民政府原党组成员、副县长宋某违规收受礼金等问题。

2016 年至 2024 年，宋某借逢年过节之机，多次收受管理和服务对象礼金共计 23 万余元。宋某还存在其他严重违纪违法问题。2024 年 10 月，宋某被开除党籍、开除公职，涉嫌犯罪问题被移送检察机关依法审查起诉。①

（2）**情形二：巧立名目收受礼金**

L 市 G 县人大常委会原党组书记、主任张某违规收受礼品礼金问题。

2013 年至 2022 年，张某借为其女儿操办结婚事宜、为其岳母及母亲操办丧事、本人及配偶生病住院之机，多次违规收受多名管理服务对象赠送的高档酒水等礼品和礼金，折合共计 11 万余元。此外，张某还存在其他严重违纪违法问题。2022 年 10 月，张某受到开除党籍、开除公职处分，其涉嫌犯罪问题被移送检察机关依法审查起诉。②

（3）**情形三：借请托办事收受礼金**

H 省公安厅原党委委员，H 市政府原党组成员、副市长，市公安局原党委书记、局长韩某违规收受礼品、接受可能影响公正执行公务的宴请等问题。

2022 年至 2024 年，韩某违规收受管理服务对象所送的高档白酒、茶具及黄金制品等礼品，并利用职务之便在案件处理、岗位调整等方面为他人提供帮助；2015 年至 2024 年，韩某先后多次违规接受管理服务对象安排的宴请；韩某还存在其他严重违纪违法问题。2024 年 12 月，韩某被开除党籍、开除公职，涉嫌犯

---

① 参见《山西通报 5 起违反中央八项规定精神问题》，载中央纪委国家监委网，https：//www. ccdi. gov. cn/yaowenn/202501/t20250124_ 402599. html，最后访问时间：2025 年 4 月 1 日。

② 参见《山西通报 5 起违反中央八项规定精神问题》，载中央纪委国家监委网，https：//www. ccdi. gov. cn/yaowenn/202310/t20231010_ 298967. html，最后访问时间：2025 年 4 月 1 日。

罪问题被移送检察机关依法审查起诉。①

（4）情形四：借利益输送收受财务

E 州交通运输局原党组成员、副局长文某在交通工程建设中大搞利益输送问题。

2017 年至 2022 年，文某利用担任 E 州交通运输局计划科科长、总工程师、副局长等职务上的便利，违反招投标相关规定，通过比照特定企业设置招标条件、干扰业主评委评分等方式，帮助请托人承接重点交通项目，索取或非法收受他人给予的财物。文某还存在其他违纪违法问题。2023 年 4 月，文某被开除党籍、开除公职，其涉嫌犯罪问题被移送检察机关审查起诉。②

（5）情形五：微信转账收受礼金

D 市卫生健康局行政审批办公室原工作人员张某违规收受礼金问题。

2020 年至 2023 年，张某在 D 市卫生健康局行政审批办公室驻政务大厅窗口工作期间，多次收受医疗服务机构经营者通过微信转账方式赠送的礼金共计 1.9 万元。张某还存在其他严重违纪违法问题，2023 年 9 月被开除党籍、开除公职，已被依法追究刑事责任。③

---

① 参见《海南通报 7 起违反中央八项规定精神问题》，载中央纪委国家监委网，https：//www.ccdi.gov.cn/yaowenn/202412/t20241231_397769.html，最后访问时间：2025 年 4 月 1 日。

② 参见《湖北通报 5 起交通建设领域违纪违法典型案例》，载中央纪委国家监委网，https：//www.ccdi.gov.cn/yaowenn/202310/t20231010_299017.html，最后访问时间：2025 年 4 月 1 日。

③ 参见《长春通报 4 起违反中央八项规定精神问题》，载中央纪委国家监委网，https：//www.ccdi.gov.cn/yaowenn/202401/t20240130_325513.html，最后访问时间：2025 年 4 月 1 日。

九、婚丧喜庆活动

1. 相关文件规定

节庆活动管理办法（试行）

（2012 年 5 月 29 日）

关于党员干部带头推动殡葬改革的意见

（2013 年 12 月 10 日）

中国共产党纪律处分条例

（2023 年 12 月 19 日）

2. 警示教育案例

（1）情形一：利用婚丧喜庆借机敛财

G 控股集团有限公司原党委书记、董事长刘某借操办喜庆事宜敛财等问题。

2020 年至 2022 年，刘某利用其孙子百日宴等时机，收受私营企业主礼金共计人民币 2 万元、港币 2 万元及高档白酒 14 瓶、手机 2 部、名贵女包 1 个。2013 年至 2022 年，刘某在春节、中秋节等节日期间，先后收受私营企业主和公职人员所送礼金共计 5.1 万元及名贵烟酒、虫草等高档礼品。刘某还存在其他严重违纪违法问题，被开除党籍、开除公职，涉嫌犯罪问题被移送检察机关依法审查起诉。①

---

① 参见《广东通报 9 起违反中央八项规定精神典型问题》，载中央纪委国家监委网，https：//www. ccdi. gov. cn/yaowenn/202304/t20230424_ 260465. html，最后访问时间：2025 年 4 月 1 日。

（2）情形二：违规大操大办

S 市 S 区 D 镇公路管理所负责人涂某顶风违规操办“周岁宴”问题。

2023 年 10 月，在 S 区委对 D 镇党委开展巡察期间，D 镇公路管理所负责人涂某为其女儿大操大办“周岁宴”，违规宴请管理和服务对象以及近亲属以外人员，并收受相关人员所送礼金，造成不良影响。2024 年 5 月，涂某受到党内警告处分。①

（3）情形三：违规邀请管理对象

B 区 D 街道党工委委员、办事处副主任李某违规操办婚丧喜庆事宜问题。

2024 年 5 月，李某为其女儿操办婚宴，邀请 15 名管理和服务对象参加并收受礼金 6000 元，造成不良社会影响。2024 年 7 月，李某受到党内警告处分。②

（4）情形四：违规分批宴请

Y 县人民医院党总支原书记张某违规收受礼品、违规大操大办等问题。

2018 年至 2024 年，张某任 Y 县人民医院副院长、院长、党总支书记期间，借传统节日之机，违规收受本院职工所送礼品等折合人民币共计 51.8 万元。2022 年 8 月，张某借孩子结婚之机，分批次在 4 个酒店安排宴请，违规收受本单位职工等礼金 29 万

---

① 参见《云南通报 3 起违规操办婚丧喜庆事宜问题》，载中央纪委国家监委网，https：//www.ccdi.gov.cn/yaowenn/202501/t20250102_398015.html，最后访问时间：2025 年 4 月 1 日。

② 参见《西安通报 5 起违反中央八项规定精神问题》，载中央纪委国家监委网，https：//www.ccdi.gov.cn/yaowenn/202409/t20240913_375119.html，最后访问时间：2025 年 4 月 1 日。

元。张某还存在其他严重违纪违法问题。2024 年 11 月，张某受到开除党籍、开除公职处分，涉嫌犯罪问题被移送检察机关依法审查起诉。①

十、规范津贴补贴和治理“小金库”

1. 相关文件规定

设立“小金库”和使用“小金库”款项违法违纪行为政纪处分暂行规定

（2010 年 1 月 5 日）

违规发放津贴补贴行为处分规定

（2013 年 6 月 13 日）

关于加强工会经费财务管理和审计监督切实管好用好工会经费的通知

（2013 年 12 月 25 日）

中国共产党纪律处分条例

（2023 年 12 月 19 日）

2. 警示教育案例

（1）情形一：违规发放津贴补贴

G 省 S 市 C 区 A 街道 B 社区原党委书记、居委会主任黄某违规发放津补贴问题。

2020 年 1 月至 11 月，B 社区超限额发放“两委”干部及工作人员基本工资及津补贴共计 74392.72 元，时任 C 区 A 街道 B

① 参见《黑龙江通报 7 起违反中央八项规定精神问题》，载中央纪委国家监委网，https：//www. ccdi. gov. cn/yaowenn/202412/t20241226_ 396949. html，最后访问时间：2025 年 4 月 1 日。

社区党委书记、居委会主任黄某对此负有直接责任。2021 年 12 月，黄某受到党内警告处分。①

（2）情形二：套取资金违规发放补贴

H 省 H 技师学院（H 市高级技工学校）原院长（校长）李某违规发放津补贴、收受礼品礼金等问题。

2013 年至 2023 年，李某同意采取虚增印刷品数量、金额的方式多次套取学校资金 96.81 万余元用于违规发放学校教职工补贴、学生招生补贴等；违规收受管理服务对象所送高档白酒、香烟等礼品。李某还存在其他严重违纪违法问题。2024 年 8 月，李某被开除党籍、取消其享受的待遇，涉嫌犯罪问题被移送检察机关依法审查起诉。②

（3）情形三：巧立名目发放津贴

X 文理学院培训中心原主任孙某违规发放并领取津贴补贴问题。

2017 年至 2019 年，孙某以“项目参与指导费”等名目，违规向 18 名在职在编人员发放劳务费共计 55465 元，其中孙某领取 19200 元。2024 年 6 月，孙某受到党内警告处分。③

---

① 参见《本网推出五一、端午期间“四风”问题监督举报曝光专区 首批通报 6 起典型案例》，载中央纪委国家监委网，https：//www.ccdi.gov.cn/toutiaon/202205/t20220506_190793.html，最后访问时间：2025 年 4 月 1 日。

② 参见《海南通报 7 起违反中央八项规定精神问题》，载中央纪委国家监委网，https：//www.ccdi.gov.cn/yaowenn/202412/t20241231_397769.html，最后访问时间：2025 年 4 月 1 日。

③ 参见《西安通报 5 起违反中央八项规定精神问题》，载中央纪委国家监委网，https：//www.ccdi.gov.cn/yaowenn/202409/t20240913_375119.html，最后访问时间：2025 年 4 月 1 日。

（4）情形四：设立“小金库”

X市政务服务中心运行保障处原一级调研员王某违规设立“小金库”，接受可能影响公正执行公务的宴请等问题。

2018年4月至2020年7月，王某任X市政务服务中心督查处、运行保障处处长期间，利用管理和服务对象所送“好处费”“辛苦费”设立“小金库”。2020年5月至8月，王某先后2次接受管理和服务对象安排的宴请。王某还存在其他严重违纪违法问题。2024年10月，王某受到留党察看二年、政务撤职处分，由一级调研员降为四级主任科员。①

十一、楼堂馆所和办公用房

1. 相关文件规定

关于进一步严格控制党政机关办公楼等楼堂馆所建设问题的通知

（2007年3月18日）

关于印发党政机关办公用房建设标准的通知

（2014年11月24日）

机关团体建设楼堂馆所管理条例

（2017年10月5日）

党政机关办公用房管理办法

（2017年12月5日）

---

① 参见《西安通报5起违反中央八项规定精神问题》，载中央纪委国家监委网，https：//www.ccdi.gov.cn/yaowenn/202412/t20241230_397480.html，最后访问时间：2025年4月1日。

2. 警示教育案例

（1）情形一：办公用房超标

N集团有限公司原党委书记、董事长周某超标准使用办公用房问题。

2016年至2024年，周某超过规定面积使用办公用房，且在2次清理工作中均未按要求整改。周某还存在其他严重违纪违法问题，被开除党籍、开除公职，涉嫌犯罪问题被移送检察机关依法审查起诉。①

（2）情形二：借用管理和服务对象住房

Y市政协原副主席、H区委原书记孙某违规收受礼金，长期借用管理服务对象住房、车辆等问题。

2013年至2024年，孙某借逢年过节之机，多次收受管理和服务对象礼金共计90万余元；长期借用管理和服务对象住房、车辆供个人使用。孙某还存在其他严重违纪违法问题。2024年7月，孙某被开除党籍、开除公职，涉嫌犯罪问题被移送检察机关依法审查起诉。②

---

① 参见《广东通报9起违反中央八项规定精神问题》，载中央纪委国家监委网，https://www.ccdi.gov.cn/yaowenn/202412/t20241228_397223.html，最后访问时间：2025年4月1日。

② 参见《山西通报7起违反中央八项规定精神问题》，载中央纪委国家监委网，https://www.ccdi.gov.cn/yaowenn/202409/t20240929_378513.html，最后访问时间：2025年4月1日。

(3) **情形三：巧立名目超标用房**

原省人防办党组书记、主任郭某违规收受礼品礼金、超标准使用办公用房等问题。

2013 年至 2022 年，郭某任省体育局党组书记、局长，省人防办党组书记、主任期间，借传统节日、患病住院等之机，收受下属、私营企业主等礼品礼金折合人民币共计 222 万余元；以改建值班室名义，为其个人装修使用面积为 32.6 平方米的休息室。郭某还存在其他严重违纪违法问题。2023 年 2 月，郭某受到开除党籍、开除公职处分，涉嫌犯罪问题被移送司法机关依法处理。①

(4) **情形四：豪华装修贪图享乐**

Y 省 D 州委原书记陈某豪华装修其他单位房间供个人使用。

Y 省 D 州委原书记陈某违规收受礼品礼金，违规借用其他单位房屋并进行豪华装修归个人使用。经查，陈某还存在其他违纪问题。刘某受到开除党籍处分、开除公职处分，收缴其违纪违法所得，其涉嫌犯罪问题被移送检察机关依法审查起诉，所涉财物一并移送。②

---

① 参见《黑龙江通报 8 起违反中央八项规定精神问题》，载中央纪委国家监委网，https://www.ccdi.gov.cn/yaowenn/202309/t20230919_294892.html，最后访问时间：2025 年 4 月 1 日。

② 参见《Y 省 D 州委原书记陈某被开除党籍和公职》，载中央纪委国家监委网，https://www.ccdi.gov.cn/yaowenn/202302/t20230217_247347.html，最后访问时间：2025 年 4 月 2 日。

十二、领导干部兼职任职

1. 相关文件规定

关于党政机关领导干部不兼任社会团体领导职务的通知

（1998年7月2日）

关于规范中管干部辞去公职或者退（离）休后担任上市公司、基金管理公司独立董事、独立监事的通知

（2008年6月25日）

行业协会商会与行政机关脱钩总体方案

（2015年6月30日）

关于规范公务员辞去公职后从业行为的意见

（2017年4月28日）

2. 警示教育案例

（1）情形一：违规兼职

某单位四级主任科员张某违规兼职取酬。

2009年11月至2022年底，张某某身为公职人员，长期担任G县第一人民医院的法律顾问，为医院提供法律咨询等相关服务，并领取费用共计人民币121550元，其中党的十八大之后违规领取费用97000元。张某某被给予相应党纪处分，涉案款项已上缴财政账户。①

---

① 参见《履职一线丨违规的兼职取酬》，载中央纪委国家监委网，https：//www.ccdi.gov.cn/yaowenn/202306/t20230624_271383.html，最后访问时间：2025年4月1日。

（2）**情形二：违规任职**

Z公司原党委常委、副总经理刘某违规任职，领取高额薪酬。

Z公司原党委常委、副总经理刘某从Z公司离职后搞“政商旋转门”，到与该系统有业务往来的单位任职，领取高额薪酬。经查，刘某还存在其他违纪问题。刘某受到开除党籍处分，收缴其违纪违法所得，其涉嫌犯罪问题被移送检察机关依法审查起诉，所涉财物一并移送。①

① 参见《Z公司原党委常委、副总经理刘某被开除党籍》，载中央纪委国家监委网，https：//www.ccdi.gov.cn/yaowenn/202503/t20250317_411391.html，最后访问时间：2025年4月3日。

第三章　相关重要规定①

设立“小金库”和使用“小金库”款项违法违纪行为政纪处分暂行规定

（2010 年 1 月 5 日监察部、人力资源和社会保障部、财政部、审计署令第 19 号公布　自 2010 年 2 月 15 日起施行）

第一条　为规范财政秩序，严肃财经纪律，惩处设立“小金库”和使用“小金库”款项违法违纪行为，确保“小金库”治理工作取得实效，根据《中华人民共和国行政监察法》、《中华人民共和国公务员法》、《行政机关公务员处分条例》、《财政违法行为处罚处分条例》及其他有关法律、行政法规，制定本规定。

第二条　本规定所称“小金库”，是指违反法律法规及其他有关规定，应列入而未列入符合规定的单位账簿的各项资金（含有价证券）及其形成的资产。

第三条　国家行政机关及其内设机构有设立“小金库”或者

① 本章中部分机构，如监察部已被撤销，并入国家监察委员会。部分法规，如《中华人民共和国行政监察法》已失效，参见《中华人民共和国监察法》。

使用“小金库”款项行为的，对负有责任的领导人员和其他直接责任人员（以下统称有关责任人员），由任免机关或者监察机关按照管理权限，依法给予处分。

国有及国有控股企业、事业单位有设立“小金库”或者使用“小金库”款项行为的，对负有责任的领导人员和其他直接责任人员中由国家行政机关任命的人员（以下统称有关责任人员），由任免机关或者监察机关按照管理权限，依法给予处分。

第四条 有设立“小金库”行为的，对有关责任人员，给予记过或者记大过处分；情节严重的，给予降级或者撤职处分。

第五条 使用“小金库”款项吃喝、旅游、送礼、进行娱乐活动或者有其他类似行为的，对有关责任人员，给予警告处分；情节较重的，给予记过或者记大过处分；情节严重的，给予降级或者撤职处分。

第六条 使用“小金库”款项新建、改建、扩建、装修办公楼或者培训中心等的，对有关责任人员，给予警告处分；情节较重的，给予记过或者记大过处分；情节严重的，给予降级或者撤职处分。

第七条 使用“小金库”款项提高福利补贴标准或者扩大福利补贴范围、滥发奖金实物或者有类似支出行为的，对有关责任人员，给予警告处分；情节较重的，给予记过或者记大过处分；情节严重的，给予降级或者撤职处分。

第八条 使用“小金库”款项报销应由个人负担的费用的，对有关责任人员，给予记过或者记大过处分；情节较重的，给予降级或者撤职处分；情节严重的，给予开除处分。

第九条 以单位名义将“小金库”财物集体私分给单位职工

的，对有关责任人员，给予记过或者记大过处分；情节较重的，给予降级或者撤职处分；情节严重的，给予开除处分。

第十条 有设立“小金库”或者使用“小金库”款项行为，并且有本规定之外的其他违法违纪行为需要合并处理的，对有关责任人员，依照《行政机关公务员处分条例》第十条的规定追究责任。

第十一条 对在治理“小金库”工作中有弄虚作假、对抗检查、拒不纠正、销毁证据、突击花钱、压案不查、打击报复举报人等行为的，依法从重处理。

第十二条 中共中央办公厅、国务院办公厅《关于深入开展“小金库”治理工作的意见》（中办发〔2009〕18号）印发前，有设立“小金库”或者使用“小金库”款项行为，情节较轻，且能够按照有关规定认真自查自纠的，可以免予处分；情节较重，但能够按照有关规定自查自纠的，可以减轻或者从轻处分；情节严重，但能够按照有关规定自查自纠的，可以从轻处分。

第十三条 中共中央办公厅、国务院办公厅《关于深入开展“小金库”治理工作的意见》（中办发〔2009〕18号）印发后再设立或者继续设立“小金库”的，对有关责任人员，按照组织程序先予免职，再依据本规定追究责任。

第十四条 本规定由监察部、人力资源社会保障部、财政部、审计署负责解释。

第十五条 本规定自2010年2月15日起施行。

十八届中央政治局关于改进工作作风、密切联系群众的八项规定（新闻稿摘要）①

（2012 年 12 月 4 日中共中央政治局会议审议通过）

一、中央政治局全体同志要改进调查研究，到基层调研要深入了解真实情况，总结经验、研究问题、解决困难、指导工作，向群众学习、向实践学习，多同群众座谈，多同干部谈心，多商量讨论，多解剖典型，多到困难和矛盾集中、群众意见多的地方去，切忌走过场、搞形式主义；要轻车简从、减少陪同、简化接待，不张贴悬挂标语横幅，不安排群众迎送，不铺设迎宾地毯，不摆放花草，不安排宴请。

二、要精简会议活动，切实改进会风，严格控制以中央名义召开的各类全国性会议和举行的重大活动，不开泛泛部署工作和提要求的会，未经中央批准一律不出席各类剪彩、奠基活动和庆祝会、纪念会、表彰会、博览会、研讨会及各类论坛；提高会议实效，开短会、讲短话，力戒空话、套话。

三、要精简文件简报，切实改进文风，没有实质内容、可发可不发的文件、简报一律不发。

四、要规范出访活动，从外交工作大局需要出发合理安排出

① 参见《关于改进工作作风、密切联系群众的八项规定与反腐败斗争》，载中国政府网，https：//www.gov.cn/xinwen/2014-11/02/content_ 2774141.htm，最后访问时间：2025 年 2 月 14 日。

访活动，严格控制出访随行人员，严格按照规定乘坐交通工具，一般不安排中资机构、华侨华人、留学生代表等到机场迎送。

五、要改进警卫工作，坚持有利于联系群众的原则，减少交通管制，一般情况下不得封路、不清场闭馆。

六、要改进新闻报道，中央政治局同志出席会议和活动应根据工作需要、新闻价值、社会效果决定是否报道，进一步压缩报道的数量、字数、时长。

七、要严格文稿发表，除中央统一安排外，个人不公开出版著作、讲话单行本，不发贺信、贺电，不题词、题字。

八、要厉行勤俭节约，严格遵守廉洁从政有关规定，严格执行住房、车辆配备等有关工作和生活待遇的规定。

违规发放津贴补贴行为处分规定

（2013年6月13日监察部、人力资源和社会保障部、财政部、审计署令第31号公布　自2013年8月1日起施行）

第一条　为维护收入分配秩序，严肃财经纪律，规范津贴补贴政策执行，根据《中华人民共和国行政监察法》、《中华人民共和国公务员法》、《行政机关公务员处分条例》及其他有关法律、行政法规，制定本规定。

第二条　本规定所称津贴补贴包括国家统一规定的津贴补贴和工作性津贴、生活性补贴、离退休人员补贴、改革性补贴以及奖金、实物、有价证券等。

第三条 有违规发放津贴补贴行为的单位，其负有责任的领导人员和直接责任人员，以及有违规发放津贴补贴行为的个人，应当承担纪律责任。属于下列人员的，由任免机关或者监察机关按照管理权限依法给予处分：

（一）行政机关公务员；

（二）法律、法规授权的具有公共事务管理职能的事业单位中经批准参照《中华人民共和国公务员法》管理的工作人员。

法律、行政法规对违规发放津贴补贴行为的处分另有规定的，从其规定。

第四条 有下列行为之一的，给予警告处分；情节较重的，给予记过或者记大过处分；情节严重的，给予降级或者撤职处分：

（一）违反规定自行新设项目或者继续发放已经明令取消的津贴补贴的；

（二）超过规定标准、范围发放津贴补贴的；

（三）违反中共中央组织部、人力资源社会保障部有关公务员奖励的规定，以各种名义向职工普遍发放各类奖金的；

（四）在实施职务消费和福利待遇货币化改革并发放补贴后，继续开支相关职务消费和福利费用的；

（五）违反规定发放加班费、值班费和未休年休假补贴的；

（六）违反《中共中央纪委、中共中央组织部、监察部、财政部、人事部、审计署关于规范公务员津贴补贴问题的通知》（中纪发〔2006〕17号）等规定，擅自提高标准发放改革性补贴的；

（七）超标准缴存住房公积金的；

（八）以有价证券、支付凭证、商业预付卡、实物等形式发放津贴补贴的；

（九）违反规定使用工会会费、福利费及其他专项经费发放津贴补贴的；

（十）借重大活动筹备或者节日庆祝之机，变相向职工普遍发放现金、有价证券或者与活动无关的实物的；

（十一）违反规定向关联单位（企业）转移好处，再由关联单位（企业）以各种名目给机关职工发放津贴补贴的；

（十二）其他违反规定发放津贴补贴的。

第五条 将执收执罚工作与津贴补贴挂钩，使用行政事业性收费、罚没收入发放津贴补贴的，给予记大过处分；情节严重的，给予降级或者撤职处分。

第六条 以发放津贴补贴的形式，变相将国有资产集体私分给个人的，给予记大过处分；情节较重的，给予降级或者撤职处分；情节严重的，给予开除处分。

第七条 违反财政部关于行政事业单位工资津贴补贴有关会计核算的规定核算津贴补贴的，给予警告处分；情节较重的，给予记过或者记大过处分；情节严重的，给予降级或者撤职处分。

第八条 使用“小金库”款项发放津贴补贴的，给予警告处分；情节较重的，给予记过或者记大过处分；情节严重的，给予降级或者撤职处分。

第九条 利用职务上的便利或者职务影响，违反规定在其他单位领取津贴补贴的，给予记过或者记大过处分；情节较重的，给予降级或者撤职处分；情节严重的，给予开除处分。

第十条 以虚报、冒领等手段骗取财政资金发放津贴补贴的，给予记大过处分；情节较重的，给予降级或者撤职处分；情节严重的，给予开除处分。

以虚报、冒领等手段骗取财政资金，并以发放津贴补贴的形式合伙私分的，依照前款规定从重处分。

第十一条 在执行津贴补贴政策中不负责任，导致本地区、本部门、本系统和本单位发生严重违规发放津贴补贴行为的，给予记过或者记大过处分；情节较重的，给予降级或者撤职处分；情节严重的，给予开除处分。

第十二条 不制止、不查处本地区、本部门、本系统和本单位发生的严重违规发放津贴补贴行为的，给予记过或者记大过处分；情节较重的，给予降级或者撤职处分；情节严重的，给予开除处分。

第十三条 对违规发放的津贴补贴，应当按有关规定责令整改，并清退收回。

第十四条 经费来源由财政补助的事业单位工作人员有本规定所列行为的，参照本规定第四条至第十二条规定的违纪情节，依照《事业单位工作人员处分暂行规定》处理。

第十五条 处分的程序和不服处分的申诉，依照《中华人民共和国行政监察法》、《中华人民共和国公务员法》、《行政机关公务员处分条例》等有关法律法规的规定办理。

第十六条 有违规发放津贴补贴行为，应当给予党纪处分的，移送党的纪律检查机关处理；涉嫌犯罪的，移送司法机关处理。

第十七条 本规定由监察部、人力资源社会保障部、财政部、审计署负责解释。

第十八条 本规定自 2013 年 8 月 1 日起施行。

中央和国家机关差旅费管理办法

（2013年12月31日财政部发布）

第一章　总　　则

第一条　为加强和规范中央和国家机关国内差旅费管理，推进厉行节约反对浪费，根据《党政机关厉行节约反对浪费条例》，制定本办法。

第二条　本办法适用于中央和国家机关，以及参照公务员法管理的事业单位（以下简称中央单位）。

本办法所称中央和国家机关，是指党中央各部门，国务院各部委、各直属机构，全国人大常委会办公厅，全国政协办公厅，最高人民法院，最高人民检察院，各人民团体、各民主党派中央和全国工商联。

第三条　差旅费是指工作人员临时到常驻地以外地区公务出差所发生的城市间交通费、住宿费、伙食补助费和市内交通费。

第四条　中央单位应当建立健全公务出差审批制度。出差必须按规定报经单位有关领导批准，从严控制出差人数和天数；严格差旅费预算管理，控制差旅费支出规模；严禁无实质内容、无明确公务目的的差旅活动，严禁以任何名义和方式变相旅游，严禁异地部门间无实质内容的学习交流和考察调研。

第五条　财政部按照分地区、分级别、分项目的原则制定差旅费标准，并根据经济社会发展水平、市场价格及消费水平变动情况适时调整。

第二章　城市间交通费

第六条　城市间交通费是指工作人员因公到常驻地以外地区出差乘坐火车、轮船、飞机等交通工具所发生的费用。

第七条　出差人员应当按规定等级乘坐交通工具。乘坐交通工具的等级见下表：

交通工具 级别	火车（含高铁、动车、全列软席列车）	轮船（不包括旅游船）	飞机	其他交通工具（不包括出租小汽车）
部级及相当职务人员	火车软席（软座、软卧），高铁/动车商务座，全列软席列车一等软座	一等舱	头等舱	凭据报销
司局级及相当职务人员	火车软席（软座、软卧），高铁/动车一等座，全列软席列车一等软座	二等舱	经济舱	凭据报销
其余人员	火车硬席（硬座、硬卧），高铁/动车二等座、全列软席列车二等软座	三等舱	经济舱	凭据报销

部级及相当职务人员出差，因工作需要，随行一人可乘坐同等级交通工具。

未按规定等级乘坐交通工具的，超支部分由个人自理。

第八条 到出差目的地有多种交通工具可选择时，出差人员在不影响公务、确保安全的前提下，应当选乘经济便捷的交通工具。

第九条 乘坐飞机的，民航发展基金、燃油附加费可以凭据报销。

第十条 乘坐飞机、火车、轮船等交通工具的，每人次可以购买交通意外保险一份。所在单位统一购买交通意外保险的，不再重复购买。

第三章 住 宿 费

第十一条 住宿费是指工作人员因公出差期间入住宾馆（包括饭店、招待所，下同）发生的房租费用。

第十二条 财政部分地区制定住宿费限额标准。各省、自治区、直辖市和计划单列市财政厅（局）根据当地经济社会发展水平、市场价格、消费水平等因素，提出所在市（省会城市、直辖市、计划单列市，下同）的住宿费限额标准报财政部，经财政部统筹研究提出意见反馈地方审核确认后，由财政部统一发布作为中央单位工作人员到相关地区出差的住宿费限额标准。（见附表）

对于住宿价格季节性变化明显的城市，住宿费限额标准在旺季可适当上浮一定比例，具体规定由财政部另行发布。

第十三条 部级及相当职务人员住普通套间，司局级及以下人员住单间或标准间。

第十四条 出差人员应当在职务级别对应的住宿费标准限额内，选择安全、经济、便捷的宾馆住宿。

第四章　伙食补助费

第十五条　伙食补助费是指对工作人员在因公出差期间给予的伙食补助费用。

第十六条　伙食补助费按出差自然（日历）天数计算，按规定标准包干使用。

第十七条　财政部分地区制定伙食补助费标准。各省、自治区、直辖市和计划单列市财政厅（局）负责根据当地经济社会发展水平、市场价格、消费水平等因素，参照所在市公务接待工作餐、会议用餐等标准提出伙食补助费标准报财政部，经财政部统筹研究提出意见反馈地方审核确认后，由财政部统一发布作为中央单位工作人员到相关地区出差的伙食补助费标准。(见附表)

第十八条　出差人员应当自行用餐。凡由接待单位统一安排用餐的，应当向接待单位交纳伙食费。

第五章　市内交通费

第十九条　市内交通费是指工作人员因公出差期间发生的市内交通费用。

第二十条　市内交通费按出差自然（日历）天数计算，每人每天 80 元包干使用。

第二十一条　出差人员由接待单位或其他单位提供交通工具的，应向接待单位或其他单位交纳相关费用。

第六章 报销管理

第二十二条 出差人员应当严格按规定开支差旅费，费用由所在单位承担，不得向下级单位、企业或其他单位转嫁。

第二十三条 城市间交通费按乘坐交通工具的等级凭据报销，订票费、经批准发生的签转或退票费、交通意外保险费凭据报销。

住宿费在标准限额之内凭发票据实报销。

伙食补助费按出差目的地的标准报销，在途期间的伙食补助费按当天最后到达目的地的标准报销。

市内交通费按规定标准报销。

未按规定开支差旅费的，超支部分由个人自理。

第二十四条 工作人员出差结束后应当及时办理报销手续。差旅费报销时应当提供出差审批单、机票、车票、住宿费发票等凭证。

住宿费、机票支出等按规定用公务卡结算。

第二十五条 财务部门应当严格按规定审核差旅费开支，对未经批准出差以及超范围、超标准开支的费用不予报销。

实际发生住宿而无住宿费发票的，不得报销住宿费以及城市间交通费、伙食补助费和市内交通费。

第七章 监督问责

第二十六条 各单位应当加强对本单位工作人员出差活动和

经费报销的内控管理，对本单位出差审批制度、差旅费预算及规模控制负责，相关领导、财务人员等对差旅费报销进行审核把关，确保票据来源合法，内容真实完整、合规。对未经批准擅自出差、不按规定开支和报销差旅费的人员进行严肃处理。

一级预算单位应当强化对所属预算单位的监督检查，发现问题及时处理，重大问题向财政部报告。

各单位应当自觉接受审计部门对出差活动及相关经费支出的审计监督。

第二十七条 财政部会同有关部门对中央单位差旅费管理和使用情况进行监督检查。主要内容包括：

（一）单位差旅审批制度是否健全，出差活动是否按规定履行审批手续；

（二）差旅费开支范围和标准是否符合规定；

（三）差旅费报销是否符合规定；

（四）是否向下级单位、企业或其他单位转嫁差旅费；

（五）差旅费管理和使用的其他情况。

第二十八条 出差人员不得向接待单位提出正常公务活动以外的要求，不得在出差期间接受违反规定用公款支付的宴请、游览和非工作需要的参观，不得接受礼品、礼金和土特产品等。

第二十九条 违反本办法规定，有下列行为之一的，依法依规追究相关单位和人员的责任：

（一）单位无出差审批制度或出差审批控制不严的；

（二）虚报冒领差旅费的；

（三）擅自扩大差旅费开支范围和提高开支标准的；

（四）不按规定报销差旅费的；

（五）转嫁差旅费的；

（六）其他违反本办法行为的。

有前款所列行为之一的，由财政部会同有关部门责令改正，违规资金应予追回，并视情况予以通报。对直接责任人和相关负责人，报请其所在单位按规定给予行政处分。涉嫌违法的，移送司法机关处理。

第八章　附　　则

第三十条　工作人员外出参加会议、培训，举办单位统一安排食宿的，会议、培训期间的食宿费和市内交通费由会议、培训举办单位按规定统一开支；往返会议、培训地点的差旅费由所在单位按照规定报销。

第三十一条　不参照公务员法管理的事业单位参照本办法执行。

各单位应当根据本办法，结合本单位实际情况制定具体操作规定。

中国人民解放军和中国人民武装警察部队的差旅费管理办法参照本办法另行规定。

第三十二条　本办法由财政部负责解释。

第三十三条　本办法自 2014 年 1 月 1 日起施行。2006 年 11 月 13 日发布的《财政部关于印发〈中央国家机关和事业单位差旅费管理办法〉的通知》（财行〔2006〕313 号）同时废止，其他有关中央国家机关和事业单位差旅费管理规定与本办法不一致的，按照本办法执行。

附表：中央和国家机关差旅住宿费和伙食补助费标准表（略）

中国共产党廉洁自律准则

（2015年10月12日中共中央政治局会议审议批准
2015年10月18日中共中央发布）

中国共产党全体党员和各级党员领导干部必须坚定共产主义理想和中国特色社会主义信念，必须坚持全心全意为人民服务根本宗旨，必须继承发扬党的优良传统和作风，必须自觉培养高尚道德情操，努力弘扬中华民族传统美德，廉洁自律，接受监督，永葆党的先进性和纯洁性。

党员廉洁自律规范

第一条 坚持公私分明，先公后私，克己奉公。

第二条 坚持崇廉拒腐，清白做人，干净做事。

第三条 坚持尚俭戒奢，艰苦朴素，勤俭节约。

第四条 坚持吃苦在前，享受在后，甘于奉献。

党员领导干部廉洁自律规范

第五条 廉洁从政，自觉保持人民公仆本色。

第六条 廉洁用权，自觉维护人民根本利益。

第七条 廉洁修身，自觉提升思想道德境界。

第八条 廉洁齐家，自觉带头树立良好家风。

中央和国家机关会议费管理办法①

（2016年6月29日财政部、国家机关事务管理局、中共中央直属机关事务管理局发布）

第一章 总 则

第一条 为进一步加强和规范中央和国家机关会议费管理，精简会议，改进会风，提高会议效率和质量，节约会议经费开支，制定本办法。

第二条 中央和国家机关会议的分类、审批和会议费管理等，适用本办法。

本办法所称中央和国家机关，是指党中央各部门，国务院各部委、各直属机构，全国人大常委会办公厅，全国政协办公厅，最高人民法院，最高人民检察院，各人民团体、各民主党派中央和全国工商联（以下简称各单位）。

第三条 各单位召开会议应当坚持厉行节约、反对浪费、规

① 根据2019年3月8日《财政部、国家机关事务管理局、中共中央直属机关事务管理局关于停止执行会议年度计划执行情况报告制度的通知》：一、停止执行《中央和国家机关会议费管理办法》（财行〔2016〕214号）第二十条、第二十一条、第二十二条第四款和第二十五条第四款中“按规定报送会议年度报告”的有关规定。二、各部门应当继续严格按照《党政机关厉行节约反对浪费条例》和会议费制度有关规定，完善会议计划编报和审批制度，严格计划执行，加强监督检查，有效控制会议数量和规模，持续规范会议费管理。

范简朴、务实高效的原则，严格控制会议数量和规模，规范会议费管理。

第四条 各单位召开的会议实行分类管理、分级审批。

第五条 各单位应当严格会议费预算管理，控制会议费预算规模。会议费预算应当细化到具体会议项目，执行中不得突破。会议费应当纳入部门预算，并单独列示。

第二章 会议分类和审批

第六条 中央和国家机关会议分类如下：

一类会议。是以党中央和国务院名义召开的，要求省、自治区、直辖市、计划单列市或中央部门负责同志参加的会议。

二类会议。是党中央和国务院各部委、各直属机构，最高人民法院，最高人民检察院，各人民团体召开的，要求省、自治区、直辖市、计划单列市有关厅（局）或本系统、直属机构负责同志参加的会议。

三类会议。是党中央和国务院各部委、各直属机构，最高人民法院，最高人民检察院，各人民团体及其所属内设机构召开的，要求省、自治区、直辖市、计划单列市有关厅（局）或本系统机构有关人员参加的会议。

四类会议。是指除上述一、二、三类会议以外的其他业务性会议，包括小型研讨会、座谈会、评审会等。

第七条 中央和国家机关会议按以下程序和要求进行审批：

一类会议。应当由主办单位报经党中央和国务院批准。会议总务、经费预算及费用结算等工作分别由中共中央直属机关事务管理局（以下简称中直管理局）和国家机关事务管理局（以下简称国管局）负责。

二类会议。党中央和国务院各部委、各直属机构，各人民团体应当于每年 12 月底前，将下一年度会议计划（包括会议名称、召开的理由、主要内容、时间地点、代表人数、工作人员数、所需经费及列支渠道等）送财政部审核会签，按程序经中央办公厅、国务院办公厅审核后报批。各单位召开二类会议原则上每年不超过 1 次。

三类会议。各单位应当建立会议计划编报和审批制度，年度会议计划（包括会议数量、会议名称、召开的理由、主要内容、时间地点、代表人数、工作人员数、所需经费及列支渠道等）经单位领导办公会或党组（党委）会审批后执行。

四类会议。由单位分管领导审核后列入单位年度会议计划。

年度会议计划一经批准，原则上不得调整。对党中央、国务院交办等确需临时增加的会议，按规定程序报批。

第八条 一类会议会期按照批准文件，根据工作需要从严控制；二、三、四类会议会期均不得超过 2 天；传达、布置类会议会期不得超过 1 天。

会议报到和离开时间，一、二、三类会议合计不得超过 2 天，四类会议合计不得超过 1 天。

第九条 各单位应当严格控制会议规模。

一类会议参会人员按照批准文件，根据会议性质和主要内容确定，严格限定会议代表和工作人员数量。

二类会议参会人员不得超过 300 人，其中，工作人员控制在会议代表人数的 15%以内；不请省、自治区、直辖市和中央部门主要负责同志、分管负责同志出席。

三类会议参会人员不得超过 150 人，其中，工作人员控制在会议代表人数的 10%以内。

四类会议参会人员视内容而定，一般不得超过 50 人。

第十条 全国人大常委会办公厅、全国政协办公厅、各民主党派中央和全国工商联的会议分类、审批事项、会期及参会人员等，由上述部门依据法律法规、章程规定，参照第六条至第九条作出规定，并报财政部备案。

第十一条 各单位召开会议应当改进会议形式，充分运用电视电话、网络视频等现代信息技术手段，降低会议成本，提高会议效率。

传达、布置类会议优先采取电视电话、网络视频会议方式召开。电视电话、网络视频会议的主会场和分会场应当控制规模，节约费用支出。

第十二条 不能够采用电视电话、网络视频召开的会议实行定点管理。各单位会议应当到定点会议场所召开，按照协议价格结算费用。未纳入定点范围，价格低于会议综合定额标准的单位内部会议室、礼堂、宾馆、招待所、培训中心，可优先作为本单位或本系统会议场所。

无外地代表且会议规模能够在单位内部会议室安排的会议，原则上在单位内部会议室召开，不安排住宿。

第十三条 参会人员以在京单位为主的会议不得到京外召开。各单位不得到党中央、国务院明令禁止的风景名胜区召开会议。

第三章　会议费开支范围、标准和报销支付

第十四条　会议费开支范围包括会议住宿费、伙食费、会议场地租金、交通费、文件印刷费、医药费等。

前款所称交通费是指用于会议代表接送站，以及会议统一组织的代表考察、调研等发生的交通支出。

会议代表参加会议发生的城市间交通费，按照差旅费管理办法的规定回单位报销。

第十五条　会议费开支实行综合定额控制，各项费用之间可以调剂使用。

会议费综合定额标准如下：

单位：元/人·天

会议类别	住宿费	伙食费	其他费用	合计
一类会议	500	150	110	760
二类会议	400	150	100	650
三、四类会议	340	130	80	550

综合定额标准是会议费开支的上限。各单位应在综合定额标准以内结算报销。

第十六条　一类会议费在部门预算专项经费中列支，二、三、四类会议费原则上在部门预算公用经费中列支。

会议费由会议召开单位承担，不得向参会人员收取，不得以任何方式向下属机构、企事业单位、地方转嫁或摊派。

第十七条　各单位在会议结束后应当及时办理报销手续。会议费报销时应当提供会议审批文件、会议通知及实际参会人员签

到表、定点会议场所等会议服务单位提供的费用原始明细单据、电子结算单等凭证。财务部门要严格按规定审核会议费开支，对未列入年度会议计划，以及超范围、超标准开支的经费不予报销。

第十八条 各单位会议费支付，应当严格按照国库集中支付制度和公务卡管理制度的有关规定执行，以银行转账或公务卡方式结算，禁止以现金方式结算。

具备条件的，会议费应当由单位财务部门直接结算。

第四章 会议费公示和年度报告制度

第十九条 各单位应当将非涉密会议的名称、主要内容、参会人数、经费开支等情况在单位内部公示或提供查询，具备条件的应当向社会公开。

第二十条 一级预算单位应当于每年 3 月底前，将本级和下属预算单位上年度会议计划和执行情况（包括会议名称、主要内容、时间地点、代表人数、工作人员数、经费开支及列支渠道等）汇总后报财政部。党中央各部门同时抄送中直管理局，国务院各部门同时抄送国管局。

第二十一条 财政部对各单位报送的会议年度报告进行汇总分析，针对执行中存在的问题，及时完善相关制度。

第五章 管理职责

第二十二条 财政部的主要职责是：

（一）会同国管局、中直管理局等部门制定或修订中央本级会议费管理办法，并对执行情况进行监督检查；

（二）按规定对各单位报送的二类会议计划进行审核会签；

（三）对会议费支付结算实施动态监控；

（四）对各单位报送的会议年度报告进行汇总分析，提出加强管理的措施。

第二十三条 国管局的主要职责是：

（一）配合财政部制定或修订中央和国家机关会议费管理办法；

（二）负责国务院召开的一类会议的总务工作；

（三）配合财政部对国务院各部委、各直属机构会议费执行情况进行监督检查。

第二十四条 中直管理局的主要职责是：

（一）配合财政部制定或修订中央和国家机关会议费管理办法；

（二）负责党中央召开的一类会议的总务工作；

（三）配合财政部对中央各部门会议费执行情况进行监督检查。

第二十五条 各单位的主要职责是：

（一）负责制定本单位会议费管理的实施细则；

（二）负责单位年度会议计划编制和三类、四类会议的审批管理；

（三）负责安排会议预算并按规定管理、使用会议费，做好相应的财务管理和会计核算工作，对内部会议费报销进行审核把关，确保票据来源合法，内容真实、完整、合规；

（四）按规定报送会议年度报告，加强对本单位会议费使用的内控管理。

第六章　监督检查和责任追究

第二十六条　财政部、国管局、中直管理局会同有关部门对各单位会议费管理和使用情况进行监督检查。主要内容包括：

（一）会议计划的编报、审批是否符合规定；

（二）会议费开支范围和开支标准是否符合规定；

（三）会议费报销和支付是否符合规定；

（四）会议会期、规模是否符合规定，会议是否在规定的地点和场所召开；

（五）是否向下属机构、企事业单位或地方转嫁、摊派会议费；

（六）会议费管理和使用的其他情况。

第二十七条　严禁各单位借会议名义组织会餐或安排宴请；严禁套取会议费设立“小金库”；严禁在会议费中列支公务接待费。

各单位应严格执行会议用房标准，不得安排高档套房；会议用餐严格控制菜品种类、数量和份量，安排自助餐，严禁提供高档菜肴，不安排宴请，不上烟酒；会议会场一律不摆花草，不制作背景板，不提供水果。

不得使用会议费购置电脑、复印机、打印机、传真机等固定资产以及开支与本次会议无关的其他费用；不得组织会议代表旅游和与会议无关的参观；严禁组织高消费娱乐、健身活动；严禁以任何名义发放纪念品；不得额外配发洗漱用品。

第二十八条 违反本办法规定，有下列行为之一的，依法依规追究会议举办单位和相关人员的责任：

（一）计划外召开会议的；

（二）以虚报、冒领手段骗取会议费的；

（三）虚报会议人数、天数等进行报销的；

（四）违规扩大会议费开支范围，擅自提高会议费开支标准的；

（五）违规报销与会议无关费用的；

（六）其他违反本办法行为的。

有前款所列行为之一的，由财政部会同有关部门责令改正，追回资金，并经报批后予以通报。对直接负责的主管人员和相关负责人，报请其所在单位按规定给予行政处分。如行为涉嫌违法的，移交司法机关处理。

定点会议场所或单位内部宾馆、招待所、培训中心有关工作人员违反规定的，按照财政部定点会议场所管理的有关规定处理。

第七章 附 则

第二十九条 各单位应当按照本办法规定，结合本单位业务特点和工作需要，制定会议费管理具体规定。

第三十条 党中央、国务院直属事业单位的会议费管理参照本办法执行。中央和国家机关各部门所属事业单位的会议费管理由各部门依据从严从紧原则参照本办法作出具体规定。

第三十一条 本办法由财政部负责解释，自2016年7月1日起施行。《中央和国家机关会议费管理办法》（财行〔2013〕286号）同时废止。

中央和国家机关培训费管理办法[①]

（2016年12月27日财政部、中共中央组织部、国家公务员局发布）

第一章 总 则

第一条 为进一步规范中央和国家机关培训工作，保证培训工作需要，加强培训经费管理，依据《中华人民共和国公务员法》《干部教育培训工作条例》和其他有关法律法规，制定本办法。

第二条 本办法所称培训，是指中央和国家机关及其所属机构使用财政资金在境内举办的三个月以内的各类培训。

第三条 本办法所称中央和国家机关，是指党中央各部门，国务院各部委、各直属机构，全国人大常委会办公厅，全国政协办公厅，最高人民法院，最高人民检察院，各人民团体，各民主

① 根据2019年7月29日《财政部、中共中央组织部关于停止执行培训年度计划备案及执行情况报告规定的通知》：一、自2019年8月1日起，停止执行《中央和国家机关培训费管理办法》（财行〔2016〕540号）第七条及第二十一条之规定。二、各部门要认真落实《党政机关厉行节约反对浪费条例》和培训费管理有关规定，完善培训计划编报和审批制度，严格计划执行，规范培训费管理，加强监督检查，提高财政资金使用效益。

党派中央和全国工商联（以下简称各单位）。

第四条 各单位举办培训应当坚持厉行节约、反对浪费的原则，实行单位内部统一管理，增强培训计划的科学性和严肃性，增强培训项目的针对性和实效性，保证培训质量，节约培训资源，提高培训经费使用效益。

第二章 计划和备案管理

第五条 建立培训计划编报和审批制度。各单位培训主管部门制订的本单位年度培训计划（包括培训名称、目的、对象、内容、时间、地点、参训人数、所需经费及列支渠道等），经单位财务部门审核后，报单位领导办公会议或党组（党委）会议批准后施行。

第六条 年度培训计划一经批准，原则上不得调整。因工作需要确需临时增加培训项目的，报单位主要负责同志审批。

第七条 各单位年度培训计划于每年 3 月 31 日前同时报中央组织部、财政部、国家公务员局备案。

第三章 开支范围和标准

第八条 本办法所称培训费，是指各单位开展培训直接发生的各项费用支出，包括师资费、住宿费、伙食费、培训场地费、培训资料费、交通费以及其他费用。

（一）师资费是指聘请师资授课发生的费用，包括授课老师讲课费、住宿费、伙食费、城市间交通费等。

（二）住宿费是指参训人员及工作人员培训期间发生的租住房间的费用。

（三）伙食费是指参训人员及工作人员培训期间发生的用餐费用。

（四）培训场地费是指用于培训的会议室或教室租金。

（五）培训资料费是指培训期间必要的资料及办公用品费。

（六）交通费是指用于培训所需的人员接送以及与培训有关的考察、调研等发生的交通支出。

（七）其他费用是指现场教学费、设备租赁费、文体活动费、医药费等与培训有关的其他支出。

参训人员参加培训往返及异地教学发生的城市间交通费，按照中央和国家机关差旅费有关规定回单位报销。

第九条 除师资费外，培训费实行分类综合定额标准，分项核定、总额控制，各项费用之间可以调剂使用。综合定额标准如下：

单位：元/人·天

培训类别	住宿费	伙食费	场地、资料、交通费	其他费用	合计
一类培训	500	150	80	30	760
二类培训	400	150	70	30	650
三类培训	340	130	50	30	550

一类培训是指参训人员主要为省部级及相应人员的培训项目。

二类培训是指参训人员主要为司局级人员的培训项目。

三类培训是指参训人员主要为处级及以下人员的培训项目。

以其他人员为主的培训项目参照上述标准分类执行。

综合定额标准是相关费用开支的上限。各单位应在综合定额标准以内结算报销。

30 天以内的培训按照综合定额标准控制；超过 30 天的培训，超过天数按照综合定额标准的 70%控制。上述天数含报到撤离时间，报到和撤离时间分别不得超过 1 天。

第十条 师资费在综合定额标准外单独核算。

（一）讲课费（税后）执行以下标准：副高级技术职称专业人员每学时最高不超过 500 元，正高级技术职称专业人员每学时最高不超过 1000 元，院士、全国知名专家每学时一般不超过 1500 元。

讲课费按实际发生的学时计算，每半天最多按 4 学时计算。

其他人员讲课费参照上述标准执行。

同时为多班次一并授课的，不重复计算讲课费。

（二）授课老师的城市间交通费按照中央和国家机关差旅费有关规定和标准执行，住宿费、伙食费按照本办法标准执行，原则上由培训举办单位承担。

（三）培训工作确有需要从异地（含境外）邀请授课老师，路途时间较长的，经单位主要负责同志书面批准，讲课费可以适当增加。

第四章 培训组织

第十一条 培训实行中央和地方分级管理，各单位举办培训，原则上不得下延至市、县及以下。

第十二条 各单位开展培训，应当在开支范围和标准内优先选择党校、行政学院、干部学院以及组织人事部门认可的其他培训机构承办。

第十三条 组织培训的工作人员控制在参训人员数量的10%以内，最多不超过10人。

第十四条 严禁借培训名义安排公款旅游；严禁借培训名义组织会餐或安排宴请；严禁组织高消费娱乐健身活动；严禁使用培训费购置电脑、复印机、打印机、传真机等固定资产以及开支与培训无关的其他费用；严禁在培训费中列支公务接待费、会议费；严禁套取培训费设立“小金库”。

培训住宿不得安排高档套房，不得额外配发洗漱用品；培训用餐不得上高档菜肴，不得提供烟酒；除必要的现场教学外，7日以内的培训不得组织调研、考察、参观。

第十五条 邀请境外师资讲课，须严格按照有关外事管理规定，履行审批手续。境内师资能够满足培训需要的，不得邀请境外师资。

第十六条 培训举办单位应当注重教学设计和质量评估，通过需求调研、课程设计和开发、专家论证、评估反馈等环节，推进培训工作科学化、精准化；注重运用大数据、“互联网+”等现代信息技术手段开展培训和管理。所需费用纳入部门预算予以保障。

第五章 报销结算

第十七条 报销培训费，综合定额范围内的，应当提供培训计划审批文件、培训通知、实际参训人员签到表以及培训机构出具的收款票据、费用明细等凭证；师资费范围内的，应当提供讲课费签收单或合同，异地授课的城市间交通费、住宿费、伙食费按照差旅费报销办法提供相关凭据；执行中经单位主要负责同志批准临时增加的培训项目，还应提供单位主要负责同志审批材料。

各单位财务部门应当严格按照规定审核培训费开支，对未履行审批备案程序的培训，以及超范围、超标准开支的费用不予报销。

第十八条　培训费的资金支付应当执行国库集中支付和公务卡管理有关制度规定。

第十九条　培训费由培训举办单位承担，不得向参训人员收取任何费用。

第六章　监督检查

第二十条　各单位应当将非涉密培训的项目、内容、人数、经费等情况，以适当方式公开。

第二十一条　各单位应当于每年3月31日前将上年度培训计划执行情况（包括培训名称、对象、内容、时间、地点、参训人数、工作人员数、经费开支及列支渠道、培训成效、问题建议等）报送中央组织部、财政部、国家公务员局。

第二十二条　中央组织部、财政部、国家公务员局等有关部门对各单位培训活动和培训费管理使用情况进行监督检查。主要内容包括：

（一）培训计划的编报是否符合规定；

（二）临时增加培训计划是否报单位主要负责同志审批；

（三）培训费开支范围和开支标准是否符合规定；

（四）培训费报销和支付是否符合规定；

（五）是否存在虚报培训费用的行为；

（六）是否存在转嫁、摊派培训费用的行为；

（七）是否存在向参训人员收费的行为；

（八）是否存在奢侈浪费现象；

（九）是否存在其他违反本办法的行为。

第二十三条 对于检查中发现的违反本办法的行为，由中央组织部、财政部、国家公务员局等有关部门责令改正，追回资金，并予以通报。对相关责任人员，按规定予以党纪政纪处分；涉嫌违法的，移交司法机关处理。

第七章 附 则

第二十四条 各单位可以按照本办法，结合本单位业务特点和工作实际，制定培训费管理具体规定。

第二十五条 中央组织部、国家公务员局组织的调训和统一培训，有关部门组织的援外培训，不适用本办法，按有关规定执行。

第二十六条 中央事业单位培训费管理参照本办法执行。

第二十七条 本办法由财政部会同中央组织部、国家公务员局负责解释。

第二十八条 本办法自2017年1月1日起施行。《中央和国家机关培训费管理办法》（财行〔2013〕523号）同时废止。

党政机关办公用房管理办法

（2017 年 12 月 5 日中共中央批准　2017 年 12 月 5 日中共中央办公厅、国务院办公厅发布）

第一章　总　　则

第一条　为了进一步规范党政机关办公用房管理，推进办公用房资源合理配置和节约集约使用，保障正常办公，降低行政成本，促进党风廉政建设和节约型机关建设，根据《党政机关厉行节约反对浪费条例》、《机关事务管理条例》、《机关团体建设楼堂馆所管理条例》等有关规定，制定本办法。

第二条　本办法适用于各级党政机关办公用房的规划、权属、配置、使用、维修、处置等管理工作。

本办法所称党政机关，是指党的机关、人大机关、行政机关、政协机关、监察机关、审判机关、检察机关，以及工会、共青团、妇联等人民团体和参照公务员法管理的事业单位。

本办法所称办公用房，是指党政机关占有、使用或者可以确认属于机关资产的，为保障党政机关正常运行需要设置的基本工作场所，包括办公室、服务用房、设备用房和附属用房。

第三条　党政机关办公用房管理应当遵循下列原则：

（一）依法合规，严格执行法律法规和党内有关制度规定，强化监督管理；

（二）科学规划，统筹机关办公和公共服务需求，优化布局和功能；

（三）规范配置，科学制定标准，严格审核程序，合理保障需求；

（四）有效利用，统筹调剂余缺，及时依规处置，避免闲置浪费；

（五）厉行节约，注重庄重朴素、经济适用，节约能源资源。

第四条 建立健全党政机关办公用房集中统一管理制度，统一规划、统一权属、统一配置、统一处置。县级以上党政机关办公用房有关管理部门根据职责分工，负责本级党政机关办公用房管理工作，指导下级党政机关办公用房管理工作。

中央和国家机关办公用房管理，由归口的机关事务管理部门负责规划、权属、调剂、使用监管、处置、维修等，国家发展改革委负责建设项目审批、建设标准制定以及投资安排等，财政部负责预算安排、指导开展资产管理等。中央和国家机关所属垂直管理机构、派出机构和参照公务员法管理的事业单位办公用房的权属、使用、维修等有关管理工作，由归口的机关事务管理部门委托行政主管部门负责。

地方各级党政机关办公用房管理的职责分工，由各省、自治区、直辖市参照前款规定，结合本地区实际情况合理确定相关机构承担办公用房管理职责。

各级党政机关是办公用房的使用单位，负责本单位占有、使用办公用房的内部管理和日常维护。

第二章 权属管理

第五条 党政机关办公用房的房屋所有权、土地使用权等不动产权利（以下统称办公用房权属），统一登记至本级机关事务管理部门名下。

中央和国家机关所属垂直管理机构、派出机构和参照公务员法管理的事业单位办公用房权属应当登记在行政主管部门名下。地方各级党政机关所属垂直管理机构、派出机构办公用房权属的登记主体由各省、自治区、直辖市规定。

涉及国家秘密、国家安全等特殊情况的，经机关事务管理部门核准，可以将办公用房权属登记在使用单位名下。

因历史资料缺失、权属不清等问题无法登记的，由机关事务管理部门协调有关部门进行办公用房权属备案，使用单位不得自行处置。

第六条　建立健全党政机关办公用房清查盘点制度。使用单位应当建立本单位办公用房资产管理分台账，资产信息发生变更的，及时调整更新。机关事务管理部门应当建立本级党政机关办公用房资产管理总台账，定期组织清查盘点，确保总台账信息与使用单位分台账信息账账相符，与办公用房实际状况账实相符，与权属证书信息账证相符。

第七条　建立健全党政机关办公用房管理信息统计报告制度。

各级机关事务管理部门应当建立健全本级党政机关办公用房管理信息系统，定期统计汇总办公用房管理情况，报上级机关事务管理部门，并送同级发展改革、财政部门。

国家机关事务管理局、中共中央直属机关事务管理局应当会同有关部门，建立全国党政机关办公用房信息数据库，并纳入国家数据共享交换平台，实现与发展改革、财政、国土资源、住房城乡建设等部门共享共用。各省、自治区、直辖市应当统筹推进本地区办公用房管理信息系统建设，实现上下一体、互联互通、动态管理。

第八条 建立健全党政机关办公用房档案管理制度。使用单位应当加强本单位办公用房档案管理，及时归集权属、建设、维修等原始档案，并移交产权单位。产权单位应当加强办公用房档案的收集、保存和利用，确保档案完整。

第三章 配 置 管 理

第九条 县级以上机关事务管理、发展改革、财政部门应当会同有关部门，结合人员编制情况、办公与业务需要等，编制本级党政机关办公用房配置保障规划，优化办公用房布局，具备条件的逐步推进集中或者相对集中办公，共用配套附属设施。

地方各级人民政府编制土地利用总体规划和城乡规划时，应当统筹安排本级党政机关办公用房用地。县级以上党政机关的驻在地人民政府应当有效保障上级党政机关办公用房用地需求。

第十条 党政机关办公用房配置应当严格执行相关标准，从严核定面积。

国家发展改革委会同住房城乡建设部、财政部，制定和完善党政机关办公用房建设标准，并实行标准动态调整。

第十一条 党政机关办公用房配置方式包括调剂、置换、租用和建设。

第十二条 使用单位需要配置办公用房的，由机关事务管理部门优先整合现有办公用房资源调剂解决。

第十三条 采取置换方式配置办公用房的，应当严格履行审批程序，执行新建办公用房各项标准，确保符合办公用房各类功能要求，并按规定组织资产评估，置换所得超出面积标准的办公用房由机关事务管理部门统一调剂，置换所得收益按照非税收入有关规定管理。

置换旧房的，由机关事务管理部门会同发展改革、财政部门报同级人民政府审批；置换新房的，应当严格履行建设审批程序。不得以置换名义量身打造办公用房，不得以未使用政府预算建设资金、资产整合等名义规避审批。

第十四条 无法调剂或者置换解决办公用房的，可以面向市场租用，但应当严格按照规定履行审批程序。

需租用办公用房的，由使用单位提出申请，经机关事务管理部门核准后，报财政部门审核安排预算；或者由机关事务管理部门统筹本级党政机关办公用房使用需求，制定租用方案，报财政部门审核安排预算后，统一租赁并统筹安排使用。

任何单位不得以变相补偿方式租用由企业等单位提供的办公用房。

各级财政部门会同机关事务管理部门，制定本级党政机关办公用房租金标准，并实行标准动态调整。

第十五条 无法调剂、置换、租用办公用房，或者涉及国家秘密、国家安全等特殊情况的，可以采取建设方式解决，但应当按照国家有关政策从严控制，严格履行审批程序。党政机关办公用房建设包括新建、扩建、改建、购置。

中共中央直属机关办公用房建设项目由归口的机关事务管理

部门审核同意后统一申报，由国家发展改革委核报国务院审批。

中央国家机关本级办公用房建设项目，由国家发展改革委核报国务院审批，申报前应当由归口的机关事务管理部门出具必要性审查意见。

中央国家机关所属垂直管理机构、派出机构办公用房建设项目，厅（局）级及以上单位的项目由国家发展改革委审批，申报前应当由归口的机关事务管理部门出具必要性审查意见；厅（局）级以下单位的项目由行政主管部门审批，并报国家发展改革委和归口的机关事务管理部门备案。

中央国家机关所属参照公务员法管理的事业单位的办公用房建设项目，由国务院、国家发展改革委和行政主管部门按照中央预算内投资审批权限分别负责审批，其中由国务院、国家发展改革委审批的项目，申报前应当由归口的机关事务管理部门出具必要性审查意见。

省、自治区、直辖市及计划单列市本级党政机关办公用房建设项目，由国家发展改革委核报国务院审批；地方其他党政机关办公用房建设项目，由省级人民政府审批。

县级党政机关直属单位和乡（镇）级党政机关办公用房建设项目，可以由省级人民政府根据实际情况委托市级人民政府审批。

地方各级党政机关所属垂直管理机构、派出机构和参照公务员法管理的事业单位办公用房建设项目的审批程序，由各省、自治区、直辖市规定。

第十六条 党政机关办公用房配置所需资金，应当通过政府预算安排，不得接受任何形式赞助或者捐款，不得搞任何形式集资或者摊派，不得向其他任何单位借款，不得让施工单位垫资，严禁挪用各类专项资金。

土地收益和资产转让收益按照非税收入有关规定管理，不得直接用于办公用房配置。涉及新增资产的，应当向财政部门申报新增资产配置预算。

第十七条 新配置办公用房的党政机关，应当在搬入新办公用房后1个月内，将超出核定面积的原有办公用房腾退移交同级机关事务管理部门统一调剂使用，不得继续占用或者自行处置，不得自行安排其他单位使用。

第四章 使用管理

第十八条 机关事务管理部门应当与使用单位签订办公用房使用协议，核发办公用房分配使用凭证。

办公用房分配使用凭证可以按照有关规定用于办理使用单位法人登记、集体户籍、大中修项目施工许可等，不得用于出租、出借、经营。

第十九条 使用单位应当严格按照有关规定在核定面积内合理安排使用办公用房，不得擅自改变办公用房使用功能，不得调整给其他单位使用。办公用房安排使用情况应当按年度通过政务内网、公示栏等平台进行内部公示；领导干部办公用房配备情况应当按年度报机关事务管理部门备案，严禁超标准配备、使用办公用房。

领导干部在不同单位同时任职的，应当在主要任职单位安排1处办公用房；主要任职单位与兼职单位相距较远且经常到兼职单位工作的，经严格审批后，可以由兼职单位再安排 1 处小于标准面积的办公用房，并在免去兼任职务后 2 个月内腾退兼职单位安排的办公用房。

工作人员调离或者退休的，使用单位应当在办理调离或者退休手续后 1 个月内收回其办公用房。

第二十条 党政机关工作人员办公室具备条件的，应当采用大开间等形式，提高办公用房利用率。

会议室、接待室等服务用房，可以采取可拆卸式隔断设计，提高空间使用的灵活性。

第二十一条 项目批复中已经明确和机关一并建设办公用房的事业单位，按照面积标准核定后可以继续无偿使用机关办公用房。

公益一类事业单位已经占用的机关办公用房，按照面积标准核定后可以继续无偿使用。公益二类事业单位已经占用的机关办公用房，应当按照规定予以腾退；确有困难的，经机关事务管理部门批准，可以继续有偿使用，租金收益按照非税收入有关规定管理。事业单位已经新建、购置办公用房或者租用其他房屋办公的，应当在 6 个月内将原有办公用房腾退移交机关事务管理部门。

生产经营类事业单位、国有企业和行业协会商会等社团组织，原则上不得占用党政机关办公用房。

第二十二条 党政机关办公用房使用单位机构、编制调整的，机关事务管理部门应当重新核定其办公用房面积。超出面积标准的，使用单位应当在 6 个月内将超出部分的办公用房腾退移交机关事务管理部门。

党政机关转为企业的，应当在办理企业工商注册后6个月内将原有办公用房腾退移交机关事务管理部门。转企单位确有困难的，经机关事务管理部门批准，可以继续有偿使用，租金收益按照非税收入有关规定管理；新建、购置或者租用办公用房的，应当在6个月内将原有办公用房腾退移交机关事务管理部门。

党政机关撤销的，应当在6个月内将原有办公用房腾退移交机关事务管理部门。

第二十三条 建立健全政府向社会购买物业服务机制，逐步实现办公用房物业服务社会化、专业化，具备条件的逐步推进统一物业管理服务。

机关事务管理部门应当会同有关部门，按照经济、适度的原则，制定本级党政机关办公用房物业服务内容、服务标准和费用定额。

第二十四条 鼓励有条件的地区探索试行办公用房租金制，逐步推进办公用房经费预算管理和实物资产管理相结合。

第五章 维修管理

第二十五条 党政机关办公用房维修包括日常维修和大中修。中央和国家机关办公用房维修标准由归口的机关事务管理部门、财政部会同住房城乡建设部制定，地方各级党政机关办公用房维修标准由各省、自治区、直辖市结合实际制定，并建立标准动态调整机制。

第二十六条 使用单位负责办公用房的日常检查和维修，所需资金通过部门预算安排。

第二十七条 党政机关办公用房因使用时间较长、设施设备老化、功能不全、存在安全隐患等原因需要大中修的，使用单位向机关事务管理部门提出申请；机关事务管理部门结合办公用房建筑年代、历史维修记录、老化损坏程度、单位建筑面积能耗水平和使用单位的实际需求，统筹安排办公用房大中修项目，报财政部门审核安排预算。

办公用房大中修项目应当严格按照规定履行审批程序，未经审批的项目，不得安排预算。中央和国家机关本级办公用房大中修项目，由归口的机关事务管理部门审批。中央和国家机关所属垂直管理机构、派出机构和参照公务员法管理的事业单位办公用房大中修项目，机关事务管理部门委托行政主管部门审批，其中厅（局）级及以上单位办公用房大中修项目审批情况应当报归口的机关事务管理部门备案。地方各级党政机关办公用房大中修项目的审批程序，由各省、自治区、直辖市规定。

第六章 处置利用管理

第二十八条 党政机关办公用房有下列情形之一闲置的，可以按照有关规定采取调剂使用、转换用途、置换、出租、拍卖、拆除等方式及时处置利用：

（一）同级党政机关办公用房总量满足使用需求，仍有余量的；

（二）因地理位置、周边环境、房屋结构等原因，不适合继续作为办公用房使用的；

（三）因城乡规划调整等需要拆迁的；

（四）经专业机构鉴定属于危房，且无加固改造价值的；

（五）其他原因导致办公用房闲置的。

处置利用党政机关办公用房涉及权属、用途等变更的，应当依法办理相关手续。

第二十九条 同一区域内闲置办公用房具备条件的，应当加强跨系统、跨层级调剂使用。

中央和国家机关所属垂直管理机构、派出机构之间调剂使用的，由行政主管部门审核提出意见，经归口的机关事务管理部门批准后实施，调剂使用情况报财政部备案。

中央和国家机关所属垂直管理机构、派出机构与地方各级党政机关之间调剂使用的，由行政主管部门会同有关地方人民政府审核提出意见，经归口的机关事务管理部门会同财政部批准后实施。

地方同级或者上下级党政机关之间，以及地方各级党政机关所属垂直管理机构、派出机构之间调剂使用的，参照前两款规定办理。

第三十条 具备条件的，机关事务管理部门可以商有关部门将闲置办公用房转为便民服务、社区活动等公益场所，或者按照有关规定置换为其他符合国家政策和需要的资产。

机关事务管理部门可以通过公共资源交易平台统一招租，租金收益按照非税收入有关规定管理。党政机关如有需要，应当及时收回出租的办公用房，统筹调剂使用。使用单位不得擅自出租办公用房。

第三十一条 闲置办公用房无法通过调剂使用、转换用途、置换、出租等方式处置利用的，机关事务管理部门报财政部门批准后，可以通过公共资源交易平台依法公开拍卖，拍卖收益按照非税收入有关规定管理。

第七章　监督问责

第三十二条　党政机关办公用房使用单位应当建立本单位内部使用管理制度，加强监督检查和责任追究，及时发现和纠正违规问题。

党政机关办公用房有关管理部门应当根据职责分工，加强办公用房监管，严格履行相关管理程序，对使用单位的办公用房违规管理使用问题及时按照规定移交有关部门和单位查处。

纪检监察机关应当及时受理群众举报和有关部门移送的办公用房管理案件线索，严肃查处违规违纪问题。

第三十三条　建立健全党政机关办公用房巡检考核制度。

县级以上机关事务管理、发展改革、财政部门会同有关部门，定期对本级党政机关（含所属垂直管理机构、派出机构）办公用房使用情况以及下级党政机关办公用房管理情况进行专项联合巡检，及时发现和纠正违规问题。

办公用房专项巡检应当与党风廉政建设责任制检查考核、政府绩效考核以及党政领导班子和领导干部年度考核相结合，巡检考核结果作为干部管理监督、选拔任用的依据。

第三十四条　建立健全党政机关办公用房管理信息公开制度。除依照法律法规和有关要求需要保密的内容和事项外，办公用房建设、使用、维修、处置利用、运行费用支出等情况，应当在政府门户网站等公共平台定期公开，主动接受社会监督。

第三十五条 建立健全党政机关办公用房管理责任追究制度，对有令不行、有禁不止的，依照有关规定严肃追究相关人员责任。

管理部门有下列情形之一的，依纪依法追究相关人员责任：

（一）违规审批项目或者安排投资计划、预算的；

（二）不按照规定履行调剂、置换、租用、建设等审批程序的；

（三）为使用单位超标准配置办公用房的；

（四）不按照规定处置办公用房的；

（五）办公用房管理信息统计报送中瞒报、漏报的；

（六）对发现的违规问题不及时处理的；

（七）有其他违反办公用房管理规定情形的。

使用单位有下列情形之一的，依纪依法追究相关人员责任：

（一）擅自将办公用房权属登记至本单位或者所属单位名下，或者不配合办理权属登记的；

（二）未经批准建设或者大中修办公用房的；

（三）不按规定腾退移交办公用房的；

（四）未经批准租用、借用办公用房的；

（五）擅自改变办公用房使用功能或者处置办公用房的；

（六）擅自安排企事业单位、社会组织等使用机关办公用房的；

（七）为工作人员超标准配备办公用房，或者未经批准配备两处以上办公用房的；

（八）有其他违反办公用房管理规定情形的。

第八章　附　　则

第三十六条　党政机关本级的技术业务用房以及机关办公区内的技术业务用房，权属统一登记至本级机关事务管理部门名下，从严控制使用范围和用途，原则上不得调整用作办公用房。

党政机关本级的技术业务用房建设项目以及机关办公区内的技术业务用房建设项目，应当严格按规定履行审批程序，项目申报前由机关事务管理部门出具土地、人防等审查意见。

住房城乡建设部会同国家发展改革委、有关业务主管部门，制定和完善各类技术业务用房建设标准，合理区分办公用房和技术业务用房。

第三十七条　各省、自治区、直辖市以及中央和国家机关各部门，应当根据本办法，结合实际制定具体管理办法。

第三十八条　各民主党派机关办公用房管理适用本办法。

不参照公务员法管理的事业单位办公用房管理办法，另行制定。

第三十九条　本办法由国家机关事务管理局、中共中央直属机关事务管理局、国家发展改革委和财政部负责解释。

第四十条　本办法自 2017 年 12 月 5 日起施行。其他有关党政机关办公用房管理的规定，凡与本办法不一致的，按照本办法执行。

党政机关公务用车管理办法

（2017年12月5日中共中央批准　2017年12月5日中共中央办公厅、国务院办公厅发布）

第一章　总　　则

第一条　为了进一步规范党政机关公务用车管理，有效保障公务活动，促进党风廉政建设和节约型机关建设，根据《党政机关厉行节约反对浪费条例》、《机关事务管理条例》等有关规定，制定本办法。

第二条　本办法适用于党的机关、人大机关、行政机关、政协机关、监察机关、审判机关、检察机关，以及工会、共青团、妇联等人民团体和参照公务员法管理的事业单位。

第三条　本办法所称公务用车，是指党政机关配备的用于定向保障公务活动的机动车辆，包括机要通信用车、应急保障用车、执法执勤用车、特种专业技术用车以及其他按照规定配备的公务用车。

机要通信用车是指用于传递、运送机要文件和涉密载体的机动车辆。

应急保障用车是指用于处理突发事件、抢险救灾或者其他紧急公务的机动车辆。

执法执勤用车是指中央批准的执法执勤部门（系统）用于一线执法执勤公务的机动车辆。

特种专业技术用车是指固定搭载专业技术设备、用于执行特殊工作任务的机动车辆。

第四条 党政机关公务用车管理遵循统一管理、定向保障、经济适用、节能环保的原则。

第五条 党政机关公务用车实行统一制度规范、分级分类管理。党政机关公务用车主管部门负责本级党政机关公务用车管理工作，根据职责实行统一编制、统一标准、统一购置经费、统一采购配备管理；指导监督下级党政机关公务用车管理工作。

第二章 编制和标准管理

第六条 党政机关公务用车实行编制管理。车辆编制根据机构设置、人员编制和工作需要等因素确定。

机要通信用车、应急保障用车和其他按照规定配备的公务用车编制由公务用车主管部门会同有关部门确定。

执法执勤用车、特种专业技术用车编制由财政部门会同有关部门确定，并送公务用车主管部门备案。

第七条 党政机关配备公务用车应当严格执行以下标准：

（一）机要通信用车配备价格 12 万元以内、排气量 1.6 升（含）以下的轿车或者其他小型客车。

（二）应急保障用车和其他按照规定配备的公务用车配备价格 18 万元以内、排气量 1.8 升（含）以下的轿车或者其他小型客车。确因情况特殊，可以适当配备价格 25 万元以内、排气量 3.0 升（含）以下的其他小型客车、中型客车或者价格 45 万元以内的大型客车。

（三）执法执勤用车配备价格 12 万元以内、排气量 1.6 升（含）以下的轿车或者其他小型客车，因工作需要可以配备价格 18 万元以内、排气量 1.8 升（含）以下的轿车或者其他小型客车。确因情况特殊，可以适当配备价格 25 万元以内、排气量 3.0 升（含）以下的其他小型客车、中型客车或者价格 45 万元以内的大型客车。

（四）特种专业技术用车配备标准由有关部门会同财政部门按照保障工作需要、厉行节约的原则确定。

公务用车配备新能源轿车的，价格不得超过 18 万元。

上述配备标准应当根据公务保障需要、汽车行业技术发展、市场价格变化等因素适时调整。

第八条 严格控制执法执勤用车的配备范围、编制和标准。执法执勤用车配备应当严格限定在一线执法执勤岗位。

第三章 配备和经费管理

第九条 公务用车主管部门根据公务用车配备更新标准和现状，编制年度公务用车配备更新计划。

第十条 财政部门根据年度公务用车配备更新计划，按照预算管理有关规定统筹安排购置经费，列入公务用车主管部门预算。

第十一条 财政部门会同公务用车主管部门制定公务用车运行费用定额标准，统筹安排公务用车运行费用，列入党政机关部门预算。

第十二条 公务用车主管部门按照政府采购法律法规和国家

有关政策规定，统一组织实施公务用车集中采购。

第十三条 党政机关应当配备使用国产汽车，带头使用新能源汽车，按照规定逐步扩大新能源汽车配备比例。

第十四条 地方各级党政机关确因工作需要超出规定标准配备公务用车的，必须报省级公务用车主管部门批准。

党政机关原则上不配备越野车。确因工作需要，按照程序报批后，可以适当配备国产越野车。越野车不得作为领导干部固定用车。

第十五条 除涉及国家安全、侦查办案等有保密要求的特殊工作用车外，党政机关公务用车产权注册登记所有人应当为本机关法人，不得将公务用车登记在下属单位、企业或者个人名下。

第四章　使用和处置管理

第十六条 党政机关应当加强公务用车使用管理，严格按照规定使用公务用车，严禁公车私用、私车公养，不得既领取公务交通补贴又违规使用公务用车。

第十七条 党政机关应当推进公务用车服务平台建设。各地区应当结合实际，将各类公务用车纳入平台集中管理，采用信息化手段统筹调度、高效使用，鼓励通过社会化专业机构提高平台管理运行效率。

第十八条 党政机关应当推进公务用车标识化管理。除涉及国家安全、侦查办案和其他有保密要求的特殊工作用车外，公务用车应当统一标识。

第十九条 党政机关应当建立公务用车管理台账，加强相关证照档案的保存和管理。

各省、自治区、直辖市以及中央和国家机关公务用车主管部门应当建立统一的公务用车管理信息系统，提高公务用车配备使用管理信息化水平。

第二十条 党政机关应当建立健全公务用车使用管理制度，严格执行，加强监督，降低运行成本。

严格公务用车使用时间、事由、地点、里程、油耗、费用等信息登记和公示制度。严格执行回单位或者其他指定地点停放制度，节假日期间除工作需要外应当封存停驶。

实行公务用车保险、维修、加油政府集中采购和定点保险、定点维修、定点加油制度，健全公务用车油耗、运行费用单车核算和年度绩效评价制度。

第二十一条 党政机关应当减少公务用车长途行驶，工作人员到外地办理公务，除特殊情况外，应当乘用公共交通工具。外事接待、会议和集体活动用车主要通过社会租赁方式解决。

第二十二条 公务用车使用年限超过 8 年的可以更新；达到更新年限仍能继续使用的，应当继续使用。因安全等原因确需提前更新的，应当严格履行审批手续。

公务用车按照规定更新后，可以采取拍卖、厂家回收、报废等方式规范处置旧车。处置收入按照非税收入有关规定管理。

第五章 监督问责

第二十三条 党政机关应当建立公务用车配备更新和使用情况统计报告制度。各省、自治区、直辖市公务用车主管部门负责统计汇总本地区公务用车配备更新和使用情况。国家机关事务管理局、中共中央直属机关事务管理局负责统计汇总中央和国家机关公务用车配备更新和使用情况。

第二十四条 党政机关应当严格执行公务用车配备使用管理各项规定，将公务用车配备更新、使用、处置和经费预算执行等情况纳入内部审计、政务公开和政务诚信建设范围，接受社会监督。

公务用车主管部门应当加强对党政机关公务用车配备更新、使用、处置等情况的监督检查，定期通报或者公示相关情况。

财政、审计部门应当加强对公务用车经费预算管理使用情况的监督检查，依法处理、督促整改违规问题，并将涉嫌违纪违法问题移送有关部门查处。

公安交通管理部门应当定期与公务用车主管部门交换公务用车注册登记信息、使用状态等情况。

纪检监察机关应当及时受理群众举报和有关部门移送的公务用车管理问题线索，严肃查处违纪违法问题。

第二十五条 公务用车主管部门有下列情形之一的，依纪依法追究相关人员责任：

（一）违规核定公务用车编制的；

（二）违规审批超编制、超标准配备公务用车的；

（三）违规审批未到年限更新公务用车的；

（四）违规安排公务用车经费预算的；

（五）有其他未按规定履行管理监督职责行为的。

第二十六条 党政机关有下列情形之一的，依纪依法追究相关人员责任：

（一）超编制、超标准配备公务用车的；

（二）违反规定将公务用车登记在下属单位、企业或者个人名下的；

（三）公车私用、私车公养，或者既领取公务交通补贴又违规使用公务用车的；

（四）换用、借用、占用下属单位或者其他单位和个人的车辆，或者擅自接受企事业单位和个人赠送车辆的；

（五）挪用或者固定给个人使用执法执勤、机要通信等公务用车的；

（六）为公务用车增加高档配置或者豪华内饰的；

（七）在车辆维修等费用中虚列名目或者夹带其他费用，为非本单位车辆报销运行维护费用的；

（八）违规处置公务用车的；

（九）有其他违反公务用车配备使用管理规定行为的。

第六章　附　　则

第二十七条　本办法所称小型客车、中型客车、大型客车等，依据中华人民共和国公共安全行业标准 GA802—2014《机动车类型 术语和定义》界定。

第二十八条　各省、自治区、直辖市以及中央和国家机关各部门，应当根据本办法，结合实际制定具体管理办法。

第二十九条　中央和国家机关所属垂直管理机构、派出机构公务用车由行政主管部门依照本办法进行管理。

各民主党派机关公务用车管理适用本办法。

不参照公务员法管理的事业单位公务用车，按照本办法的原则管理。

第三十条 本办法由国家机关事务管理局、中共中央直属机关事务管理局会同有关部门负责解释。

第三十一条 本办法自 2017 年 12 月 5 日起施行。中共中央办公厅、国务院办公厅 2011 年 1 月 6 日印发的《党政机关公务用车配备使用管理办法》同时废止。

评比达标表彰活动管理办法

（2018 年 12 月 21 日中共中央批准 2018 年 12 月 21 日中共中央办公厅、国务院办公厅发布）

第一条 为了规范评比达标表彰活动，加强评比达标表彰管理工作，根据《中共中央关于建立健全党和国家功勋荣誉表彰制度的意见》、《中华人民共和国国家勋章和国家荣誉称号法》、《中国共产党党内功勋荣誉表彰条例》、《国家功勋荣誉表彰条例》等有关规定，制定本办法。

第二条 评比达标表彰工作坚持以习近平新时代中国特色社会主义思想为指导，围绕中心、服务大局，大力弘扬社会主义核心价值观，遵循严格审批、总量控制、合理设置、注重实效的原则，坚持公开、公平、公正，面向基层和工作一线，严格按照规定的条件、权限和程序进行，坚持以精神激励为主、物质奖励为辅，体现先进性、代表性、时代性。

第三条 全国评比达标表彰工作协调小组在党和国家功勋荣

誉表彰工作委员会统一领导下，负责全国评比达标表彰工作的政策指导、统筹协调、审核备案、监督检查。全国评比达标表彰工作协调小组办公室设在人力资源社会保障部，负责日常工作。

各省（自治区、直辖市）评比达标表彰工作协调机构负责本地区省级以下评比达标表彰工作的审核和管理，省级人力资源社会保障部门负责日常工作。

第四条 党的机关、人大机关、行政机关、政协机关、监察机关、审判机关、检察机关、人民团体和经国务院批准免予登记的社会团体（以下简称有关社团）及其所属单位，举办的面向各地区各部门或者本系统本行业的各类评比达标表彰活动，适用本办法。

第五条 党中央、国务院决定开展的评比达标表彰活动，不适用本办法。

年度考核、绩效考核、目标考核、责任制考核，属业务性质的资质评定、等级评定、技术考核，以本单位内设机构和人员为评选对象的评比达标表彰项目，不适用本办法。

第六条 评比达标表彰工作实行中央和省（自治区、直辖市）两级审批制度。审批权限不得擅自下放或者变相下放。

党中央、国务院负责审批中央和国家机关、人民团体、有关社团及其所属单位的评比达标表彰项目和各省（自治区、直辖市）的省级评比达标表彰项目。

各省（自治区、直辖市）党委和政府负责审批本地区省级以下评比达标表彰项目。各省（自治区、直辖市）评比达标表彰工作协调机构应当及时将省级以下项目设立、调整或者变更情况报全国评比达标表彰工作协调小组备案。

各地区各部门开展评比达标表彰活动，必须严格控制数量，不得要求下级单位配套开展。

第七条 设立、调整或者变更评比达标表彰项目，应当符合以下要求：

（一）项目对推进社会主义经济建设、政治建设、文化建设、社会建设、生态文明建设和党的建设具有积极作用和重要意义；

（二）项目名称与评选内容相符合，项目范围与主办单位职能范围相一致；

（三）项目奖项、规模和周期设置科学合理，原则上不设置子项目；

（四）项目评选过程公开、公平、公正，程序严格规范；

（五）项目经费预算符合国家有关规定。

第八条 中央和国家机关、人民团体、有关社团及其所属单位的评比达标表彰项目和各省（自治区、直辖市）省级评比达标表彰项目的设立、调整或者变更，在每年 3 月底前按照归口分别向党中央、国务院提出申请。

各省（自治区、直辖市）省级以下评比达标表彰项目按照归口分别向各省（自治区、直辖市）党委或者政府提出申请。

各地区各部门一般不得开展临时性评比达标表彰活动。因重大事件、重要专项工作等特殊情况，确需临时开展评比达标表彰活动的，可以单独申请。

第九条 按照国家有关规定，可以给予表彰奖励但未经批准的评比达标表彰项目，仍应当按照本办法提出申请。

已经批准的评比达标表彰项目，调整或者变更项目名称、主办单位、活动周期、评选范围、奖项设置、奖励标准等，应当重新提出申请。

第十条 申请设立新的或者临时开展的评比达标表彰项目，申报内容应当包括项目名称、主办单位、理由依据、活动周期、评选范围、参评总数、评选名额、奖项设置、奖励标准、评选条件、奖励办法、组织领导、经费来源和表彰形式等。

第十一条 中央和国家机关、人民团体、有关社团及其所属单位的评比达标表彰项目和各省（自治区、直辖市）省级评比达标表彰项目审批一般按照以下程序进行：

（一）中央办公厅、国务院办公厅分别将各地区各部门报党中央、国务院申请开展评比达标表彰活动的请示转全国评比达标表彰工作协调小组办公室；

（二）全国评比达标表彰工作协调小组办公室研究提出初审意见；

（三）全国评比达标表彰工作协调小组集中审核提出拟批复意见（一般在每年第二季度），并将评比达标表彰项目在有关媒体公示5个工作日，涉密项目等可以不公示，因重大事件、重要专项工作等特殊情况需临时开展的，可以单独审核；

（四）全国评比达标表彰工作协调小组将审核意见报党中央、国务院审批后，由全国评比达标表彰工作协调小组批复申报单位；

（五）全国评比达标表彰工作协调小组办公室向社会公布审批结果。

各省（自治区、直辖市）省级以下评比达标表彰项目审批，可以参照以上程序。

第十二条 评比达标表彰活动应当坚持自下而上、逐级审核推荐。主办单位应当就推荐的机关事业单位和干部按照管理权限，征求组织人事部门、纪检监察机关等部门意见；就推荐的企业和企业负责人，征求生态环境、人力资源社会保障、税务、市场监管、应急管理等有关主管部门意见。

第十三条 省部级评比达标表彰一般不评选副司局级或者相当于副司局级以上单位和干部、县级以上党委或者政府，县处级干部原则上不超过评选总数的20%。

第十四条 主办单位应当将评比达标表彰活动的评选条件、评选办法和评选结果等在适当范围内公示。涉及党和国家秘密或者存在不宜公开等事项可以按照规定不予公示。

第十五条 各地区各部门对拟不再举办的评比达标表彰项目，可以申请退出，并按照审批权限向评比达标表彰工作协调机构备案，由评比达标表彰工作协调机构向社会公布。

第十六条 对推动工作失去实际意义或者造成社会负面影响、群众反映比较强烈的评比达标表彰项目，应当按照审批权限由评比达标表彰工作协调机构研究提出撤销意见。各地区各部门省部级拟撤销评比达标表彰项目按照归口分别报经党中央、国务院批准后予以撤销，各省（自治区、直辖市）省级以下拟撤销评比达标表彰项目按照归口分别报经省（自治区、直辖市）党委或者政府批准后予以撤销。对决定撤销的项目，由评比达标表彰工作协调机构向社会公布。

根据需要，全国评比达标表彰工作协调小组可以直接撤销违规或者无存在必要的评比达标表彰项目。

第十七条 各省（自治区、直辖市）评比达标表彰工作协调机构应当及时将本地区省级以下退出和撤销项目报全国评比达标表彰工作协调小组备案。

第十八条 评比达标表彰项目退出或者撤销后，如再次申请同类项目，一般不予受理。

第十九条 主办单位应当承担开展评比达标表彰项目的全部费用，不得以任何形式向参评单位和个人收取费用。

党的机关、人大机关、行政机关、政协机关、监察机关、审判机关、检察机关、人民团体、有关社团、参照公务员法管理的事业单位举办评比达标表彰活动，所需经费按照现行资金渠道解决，纳入部门预算管理。

其他单位举办评比达标表彰活动，所需经费由单位自有资金解决。

第二十条 按照国家有关规定，规范评比达标表彰活动奖金管理。对于表彰奖励获得者发放奖金，标准根据奖励层级、行业特点、表彰规模、物价水平等因素确定，并根据经济社会发展水平动态调整。

对于获得表彰奖励的集体，不发放奖金。

严禁以开展评比达标表彰活动名义违规发放奖金。

第二十一条 各地区各部门应当切实加强对评比达标表彰活动的财务支出管理，坚持厉行节约，严格遵守财经纪律和财务规定。

第二十二条 任何组织和个人，未经批准，不得开展包含“国家”、“中国”、“中华”、“全国”、“亚洲”、“全球”、“世界”以及类似含义字样的评比达标表彰活动，不得开展未冠以上述字样但实质是全国范围的评比达标表彰活动。

对违反前款规定的组织和个人，宣传、发展改革、公安、民政、人力资源社会保障、人民银行、国资、税务、市场监管等部门，按照有关规定，采取责令停止开展活动、消除影响、约谈、公开曝光批评、纳入诚信记录等方式予以处理；违反法律法规的，依法予以行政处罚；构成犯罪的，依法追究刑事责任。

第二十三条 违反本办法规定，有下列情形之一的，由主管机关对单位主要负责人和直接责任人等给予批评教育、诫勉谈话、组织调整或者组织处理；情节严重的，按照有关规定给予党纪、政务处分；构成犯罪的，依法追究刑事责任；

（一）未经批准擅自开展、不按照批准事项开展评比达标表彰活动以及在评比达标表彰活动中违纪违规的；

（二）各级党的机关、人大机关、行政机关、政协机关、监察机关、审判机关、检察机关、人民团体、有关社团、事业单位、国有企业及其工作人员，违规开展或者参加违规开展的评比达标表彰活动的。

第二十四条 对违规开展或者参加违规开展的评比达标表彰活动的单位，由主管机关给予通报批评；情节严重的，5 年内不得开展评比达标表彰活动，取消其 5 年内评优评先资格。

第二十五条 开展评比达标表彰活动，应当主动接受群众监督、社会监督、舆论监督。

各级宣传、互联网信息内容管理工作主管部门应当加强对各类评比达标表彰活动新闻宣传工作的监督管理。任何单位和个人对未经审核批准的评比达标表彰活动，一律不得进行任何形式的宣传报道。

对违规评比达标表彰活动予以宣传报道的，依照本办法第二十二条、第二十三条、第二十四条规定处理。

第二十六条 加强对以国家名义开展评比达标表彰活动的监督管理，搭建查询和公示平台，建立违规评比达标表彰活动举报制度，鼓励群众通过电话、来信、网络等形式及时举报违规开展的评比达标表彰项目和评比达标表彰活动中的违法违规行为。

第二十七条 科学技术奖励活动包括社会力量设立的科学技术奖励，按照《国家科学技术奖励条例》有关规定办理。《国家科学技术奖励条例》规定可以自主设立并报有关部门备案的，应当同时按照本办法要求报全国评比达标表彰工作协调小组备案。

第二十八条 全国性文艺评奖和新闻媒体评奖由中央宣传部按照有关规定办理。

第二十九条 严格控制社会组织举办评比达标表彰活动，具体管理办法由民政部会同有关部门根据有关法律法规另行制定。

第三十条 对境外组织机构在我国境内举办评比达标表彰活动从严审批，具体管理办法另行制定。

第三十一条 《中国共产党党内功勋荣誉表彰条例》另有规定的，从其规定。军队和地方联合开展的评比达标表彰项目参照本办法执行，具体管理办法另行制定。

第三十二条 各省（自治区、直辖市）应当根据本办法制定具体实施细则，报全国评比达标表彰工作协调小组备案。中央和国家机关、人民团体、有关社团可以结合工作实际制定具体措施。

第三十三条 本办法由人力资源社会保障部负责解释。

第三十四条 本办法自 2018 年 12 月 21 日起施行，2010 年 10 月 27 日中央办公厅、国务院办公厅印发的《评比达标表彰活动管理办法（试行）》同时废止。

关于解决形式主义突出问题为基层减负的通知

（2019年3月6日中共中央办公厅发布）

党的十八大以来，习近平总书记就加强党的作风建设，力戒形式主义、官僚主义作出一系列重要指示。近期，习近平总书记专门作出重要批示，强调2019年要解决一些困扰基层的形式主义问题，切实为基层减负。为贯彻落实习近平总书记重要指示批示精神，更好为基层干部松绑减负，激励广大干部担当作为、不懈奋斗，经中央领导同志同意，决定将2019年作为“基层减负年”，现就有关工作要求通知如下。

一、以党的政治建设为统领加强思想教育，着力解决党性不纯、政绩观错位的问题

坚持用习近平新时代中国特色社会主义思想武装头脑，在深化消化转化上下功夫，把理论学习的成效体现到增强党性修养、提高工作能力、改进工作作风、推动党的事业发展上。将力戒形式主义、官僚主义作为全党开展的“不忘初心、牢记使命”主题教育重要内容，教育引导党员干部牢记党的宗旨，坚持实事求是的思想路线，树立正确政绩观，把对上负责与对下负责统一起来。从领导机关首先是中央和国家机关做起，开展作风建设专项整治行动，发扬斗争精神，对困扰基层的形式主义问题进行大排查，着重从思想观念、工作作风和领导方法上找根源、抓整改。严明政治纪律和政治规矩，认真汲取秦岭北麓西安境内违建别墅问题的深刻教训，坚决防止和纠正落实党中央决策部署不用心、不务实、不尽力，口号喊得震天响、行动起来轻飘飘的问题，真正把树牢“四个意识”、做到“两个维护”的要求落到实处。

二、严格控制层层发文、层层开会，着力解决文山会海反弹回潮的问题

认真贯彻落实中央八项规定及其实施细则精神，从中央层面做起，层层大幅度精简文件和会议，确保发给县级以下的文件、召开的会议减少 30%—50%。发扬“短实新”文风，坚决压缩篇幅，防止穿靴戴帽、冗长空洞，中央印发的政策性文件原则上不超过 10 页，地方和部门也要按此从严掌握。地方各级、基层单位贯彻落实中央和上级文件，可结合实际制定务实管用的举措，除有明确规定外，不再制定贯彻落实意见和实施细则。科学确定中央文件密级和印发范围，能公开的公开。少开会、开短会，开管用的会。上级会议原则上只开到下一级，经批准直接开到县级的会议，不再层层开会。严禁随意拔高会议规格、扩大会议规模，未经批准不得要求党委和政府主要负责同志以及部门一把手参会，减少陪会。提倡合并开会、套开会议，多采用电视电话、网络视频会议等形式。提高会议实效，不搞照本宣科，不搞泛泛表态，不刻意搞传达不过夜，坚决防止同一事项议而不决、反复开会。进一步改革会议公文制度，选择一些地方和单位开展治理文山会海工作试点。

三、加强计划管理和监督实施，着力解决督查检查考核过多过频、过度留痕的问题

抓好《中共中央办公厅关于统筹规范督查检查考核工作的通知》贯彻落实，严格控制总量，实行年度计划和审批报备制度，中央和国家机关有关部门原则上每年搞 1 次综合性督查检查考核，对县乡村和厂矿企业学校的督查检查考核事项减少 50%以上的目标要确保执行到位。强化结果导向，考核评价一个地方和单位的工作，关键看有没有解决实际问题、群众的评价怎么样。坚决纠正机械式做法，不得随意要求基层填表报数、层层报材料，不得简单将有没有领导批示、开会发文、台账记录、工作笔记等作为工作是否落实的标准，不得以微信工作群、政务 APP 上传工作场景截图或录制视频来代替对实际工作评价。严格控制“一票否决”事项，不能动辄签“责任状”，变相向地方和基层推卸责任。对涉及城市评选评比表彰的各类创建活动进行集中清理，该撤销的撤销，该合并的合并。对巡视巡察、环保督察、脱贫攻坚督查考核、政府大督查、党建考核等，牵头部门也要倾听基层意见进行完善，提出优化改进措施。调查研究、执法检查等要轻车简从、务求实效，不干扰基层正常工作。

四、完善问责制度和激励关怀机制，着力解决干部不敢担当作为的问题

坚持严管和厚爱结合，实事求是、依规依纪依法严肃问责、规范问责、精准问责、慎重问责，真正起到问责一个、警醒一片的效果。修订《中国共产党问责条例》。有效解决问责不力和问责泛化简单化等问题。正确对待被问责的干部，对影响期满、表现好的干部，符合有关条件的，该使用的要使用。制定纪检监察机关处理检举控告工作规则，保障党员权利，及时为干部澄清正名，严肃查处诬告陷害行为。改进谈话和函询工作方法，有效减轻干部不必要的心理负担。把“三个区分开来”的要求具体化，正确把握干部在工作中出现失误错误的性质和影响，切实保护干部干事创业的积极性，为担当者担当，为负责者负责。对基层干部特别是困难艰苦地区和奋战在脱贫攻坚第一线的干部，给予更多理解和支持，在政策、待遇等方面给予倾斜。

五、加强组织领导，为解决困扰基层的形式主义问题提供坚强保障

在党中央集中统一领导下，建立中央层面整治形式主义为基层减负专项工作机制，由中央办公厅牵头，中央纪委国家监委机关、中央组织部、中央宣传部、中央改革办、中央和国家机关工委、全国人大常委会办公厅、国务院办公厅、全国政协办公厅等参加，负责统筹协调推进落实工作。各地区各部门党委（党组）要切实履行主体责任，一把手负总责，党委办公厅（室）负责协调推进落实，把力戒形式主义、官僚主义作为重要任务，拿出有效管用的整治措施。加强政治巡视和政治督查，加大舆论监督力度，对形式主义、官僚主义典型问题点名道姓通报曝光，对干实事、作风好的先进典型及时总结推广，为广大党员干部作示范、树标杆。

关于规范差旅伙食费和市内交通费收交管理有关事项的通知

（2019 年 7 月 3 日财政部办公厅、国管局办公室、中直管理局办公室发布）

为进一步贯彻落实中央八项规定精神，严肃财经纪律，根据《党政机关厉行节约反对浪费条例》《党政机关国内公务接待管理规定》《中央和国家机关差旅费管理办法》等规章制度，现就规范差旅伙食费和市内交通费收交管理有关事项通知如下：

一、中央单位出差人员（以下称出差人员）出差期间按规定领取伙食补助费。除确因工作需要由接待单位按规定安排的一次工作餐外，用餐费用自行解决。出差人员需接待单位协助安排用餐的，应当提前告知控制标准，并向伙食提供方交纳伙食费。

在单位内部食堂用餐，有对外收费标准的，出差人员按标准交纳；没有对外收费标准的，早餐按照日伙食补助费标准的20%交纳，午餐、晚餐按照日伙食补助费标准的40%交纳。在宾馆、饭店等餐饮服务单位用餐的，按照餐饮服务单位收费标准交纳相关费用。

二、出差人员出差期间按规定领取市内交通费。接待单位协助提供交通工具并有收费标准的，出差人员按标准交纳，最高不超过日市内交通费标准；没有收费标准的，每人每半天按照日市内交通费标准的50%交纳。

三、接待单位协助安排用餐、提供交通工具的，出差人员应当索取相应的行政事业单位资金往来结算票据或税务发票等凭证，个人保存备查，不作为报销依据。

四、接待单位应当按规定收取出差人员相关费用，及时出具行政事业单位资金往来结算票据或税务发票；确实无法出具上述凭证的，可出具其他收款凭证。加强收取费用的管理，做好业务台账登记，纳入统一核算，所收费用可作为代收款项用于相关支出或作收入处理。

五、各地区各部门要督促接待单位按照中央八项规定精神和党政机关公务接待管理有关规定，进一步完善内部管理制度，合理制定收费标准，协助安排用餐应当根据出差人员告知的控制标准合理安排。

六、各地要结合本地区实际，制定本地区出差人员差旅伙食费和市内交通费收交管理规定。中央单位可根据本通知要求，制定本单位差旅伙食费和市内交通费交纳、报销具体操作规定。

七、本通知自2019年8月1日起施行。

中华人民共和国公职人员政务处分法（节录）

（2020年6月20日第十三届全国人民代表大会常务委员会第十九次会议通过　2020年6月20日中华人民共和国主席令第四十六号公布　自2020年7月1日起施行）

……

第三十二条　有下列行为之一的，予以警告、记过或者记大过；情节较重的，予以降级或者撤职；情节严重的，予以开除：

（一）在选拔任用、录用、聘用、考核、晋升、评选等干部人事工作中违反有关规定的；

（二）弄虚作假，骗取职务、职级、衔级、级别、岗位和职员等级、职称、待遇、资格、学历、学位、荣誉、奖励或者其他利益的；

（三）对依法行使批评、申诉、控告、检举等权利的行为进行压制或者打击报复的；

（四）诬告陷害，意图使他人受到名誉损害或者责任追究等不良影响的；

（五）以暴力、威胁、贿赂、欺骗等手段破坏选举的。

第三十三条 有下列行为之一的，予以警告、记过或者记大过；情节较重的，予以降级或者撤职；情节严重的，予以开除：

（一）贪污贿赂的；

（二）利用职权或者职务上的影响为本人或者他人谋取私利的；

（三）纵容、默许特定关系人利用本人职权或者职务上的影响谋取私利的。

拒不按照规定纠正特定关系人违规任职、兼职或者从事经营活动，且不服从职务调整的，予以撤职。

第三十四条 收受可能影响公正行使公权力的礼品、礼金、有价证券等财物的，予以警告、记过或者记大过；情节较重的，予以降级或者撤职；情节严重的，予以开除。

向公职人员及其特定关系人赠送可能影响公正行使公权力的礼品、礼金、有价证券等财物，或者接受、提供可能影响公正行使公权力的宴请、旅游、健身、娱乐等活动安排，情节较重的，予以警告、记过或者记大过；情节严重的，予以降级或者撤职。

第三十五条 有下列行为之一，情节较重的，予以警告、记过或者记大过；情节严重的，予以降级或者撤职：

（一）违反规定设定、发放薪酬或者津贴、补贴、奖金的；

（二）违反规定，在公务接待、公务交通、会议活动、办公用房以及其他工作生活保障等方面超标准、超范围的；

（三）违反规定公款消费的。

第三十六条 违反规定从事或者参与营利性活动，或者违反规定兼任职务、领取报酬的，予以警告、记过或者记大过；情节较重的，予以降级或者撤职；情节严重的，予以开除。

第三十七条 利用宗族或者黑恶势力等欺压群众，或者纵容、包庇黑恶势力活动的，予以撤职；情节严重的，予以开除。

第三十八条 有下列行为之一，情节较重的，予以警告、记过或者记大过；情节严重的，予以降级或者撤职：

（一）违反规定向管理服务对象收取、摊派财物的；

（二）在管理服务活动中故意刁难、吃拿卡要的；

（三）在管理服务活动中态度恶劣粗暴，造成不良后果或者影响的；

（四）不按照规定公开工作信息，侵犯管理服务对象知情权，造成不良后果或者影响的；

（五）其他侵犯管理服务对象利益的行为，造成不良后果或者影响的。

有前款第一项、第二项和第五项行为，情节特别严重的，予以开除。

第三十九条 有下列行为之一，造成不良后果或者影响的，予以警告、记过或者记大过；情节较重的，予以降级或者撤职；情节严重的，予以开除：

（一）滥用职权，危害国家利益、社会公共利益或者侵害公民、法人、其他组织合法权益的；

（二）不履行或者不正确履行职责，玩忽职守，贻误工作的；

（三）工作中有形式主义、官僚主义行为的；

（四）工作中有弄虚作假，误导、欺骗行为的；

（五）泄露国家秘密、工作秘密，或者泄露因履行职责掌握的商业秘密、个人隐私的。

……

关于《中央和国家机关会议费管理办法》的补充通知

（2023 年 5 月 30 日财政部、国管局、中直管理局发布）

党中央有关部门，国务院各部委、各直属机构，全国人大常委会办公厅，全国政协办公厅，最高人民法院，最高人民检察院，各民主党派中央，有关人民团体：

为贯彻落实中央八项规定精神，进一步规范中央和国家机关会议费管理，现就有关事项补充通知如下：

一、本通知适用于中央和国家机关按照《中央和国家机关会议费管理办法》（财行〔2016〕214 号，以下简称《办法》）规定召开的一类、二类、三类、四类会议，包括线下会议和线上会议。

线上会议是指采取电视电话、网络视频等方式召开的会议，含线上与线下相结合的会议。

二、会议会期，二、三、四类会议原则上不超过 1 天半，传达、布置类会议不得超过 1 天。

会议报到和离开时间，一、二、三类会议合计不得超过 1 天半，四类会议合计不得超过 1 天。

三、各单位召开会议，在符合保密和网络信息安全要求的前提下，提倡采用线上会议形式。线上会议的主会场和分会场参会人数合计不得超过《办法》规定的相应会议类别参会人数上限，不请外地同志到主会场参会。

线上会议优先选择单位内部电视电话、电子政务内网视频会商等现有应用系统。单位现有应用系统无法保障的，应当结合工作性质、保密要求等，选择专用系统、运营商服务系统、第三方软件服务系统等。

四、会议费开支范围包括：

（一）线下费用：《办法》规定的住宿费、伙食费、会议场地租金、交通费、文件印刷费、医药费等；

（二）线上费用：能够明确对应具体会议的设备租赁费、线路费、电视电话会议通话费、技术服务费、软件应用费、音视频制作费等。

五、会议费应当按照以下方式进行核算列支：

（一）线下费用按照《办法》有关规定以实际发生的费用项目分项定额标准总额为上限，结合线下实际参会人数、会议时间进行核算。各项费用之间可以调剂使用，未实际发生的费用项目不得参与调剂。

（二）线上费用不纳入《办法》规定的综合定额标准内核算，凭合法票据原则上在单位年度会议费预算内据实列支。

各单位应当按照厉行节约、提高效率的原则，通过市场调研、充分议价，合理选择线上会议应用系统，细化完善本单位线上会议支出标准。

六、各单位在会议结束后应当及时办理会议费报销手续。线下费用按照《办法》有关规定进行报销。线上费用应当提供费用清单和使用相关应用系统所开具的合法票据，签署服务合同的，需一并提供相关合同。

七、各单位应当加强涉密会议安全和保密管理，落实网络安全工作责任制，强化网络安全技术防护措施，选择安全可靠的应用系统，督促系统服务供应商严格落实安全保密责任，加强对运维人员、技术服务人员日常保密教育和监督，定期开展终端设备和涉密场所保密检查，妥善保管会议音视频等材料，切实做好安全保障工作。

八、各单位应当加强对会议内容相近、参会人员范围相同会议的统筹，严格控制各类会议规模，简化办会形式，合理确定参会人员范围，减少参会人员数量，减少陪会。

九、各单位应在《办法》及本通知规定的开支范围和开支标准内从严从紧核定会议费预算，节约会议经费开支。

十、本通知自2023年8月1日起施行。《办法》有关规定与本通知不符的，以本通知为准。

关于防治“指尖上的形式主义”的若干意见

（2023年12月18日中央网络安全和信息化委员会发布）

“指尖上的形式主义”是形式主义问题在数字化背景下的变异翻新，也是加重基层负担的主要表现之一。防治“指尖上的形式主义”，事关党的形象，事关人心向背，事关国家治理体系和治理能力现代化，对于推进党风政风社会风气向上向好具有重要意义。为贯彻党中央决策部署，落实中央层面整治形式主义为基层减负专项工作机制有关要求，规范政务移动互联网应用程序（以下称政务应用程序）、政务公众账号和工作群组管理，现提出如下意见。

一、总体要求

1. 指导思想。以习近平新时代中国特色社会主义思想为指导，深入贯彻党的二十大精神，全面贯彻习近平总书记关于力戒形式主义官僚主义的重要论述，坚持党的全面领导，加强对政务应用程序、政务公众账号和工作群组的标准化规范化管理，将规划统筹、集约高效、便民减负、安全可靠的原则贯穿建设、使用和安全管理全生命周期，刹住通过数字化手段变相加重基层负担的歪风邪气，减少基层干部在数字时代的无谓劳动，让广大干部有更多时间和精力抓落实，为胜利推进强国建设、民族复兴的历史伟业提供坚强作风保障。

2. 目标任务。用 1 到 2 年时间，建立健全统筹管理、审核备案、评价反馈、清理退出等机制，压实主体责任，大幅提升数字政务管理服务效能，有效解决“指尖上的形式主义”突出问题；用 3 到 5 年时间，健全完善常态化监管措施和长效工作机制，推动实现主体责任、监管责任、监督责任的贯通联动，防止“指尖上的形式主义”反弹回潮和隐形变异，全面推进数字政务高质量发展，努力做到为基层真减负、减真负。

二、强化建设管理

3. 加强统一规划。充分发挥移动互联网技术在机关履职、公共服务、社会治理等领域的作用，将政务应用程序建设纳入信息化、数字化总体规划，加强顶层设计，推动统建共用，统筹用好地方媒体资源，提高数字政务标准化规范化水平。

4. 加强立项审核。新建、改建或者采用购买服务方式的政务应用程序，应纳入信息化项目审批范围，开展立项审核，从防治

“指尖上的形式主义”方面，审核是否符合信息化数字化规划、是否与已有政务应用程序存在功能交叉重复、是否能作为功能模块嵌入到已有政务应用程序、是否能与相关政务应用程序项目进行业务协同、是否满足数据管理和共享要求等内容。

5. 突出便捷集约。政务应用程序设计应坚持以用户为中心，注重功能聚合，强化数据共享，优化界面设计，依托“一站式”综合平台设计开发，统一办事入口、统一身份认证、统一服务事项。政务应用程序建设部署应充分利用政务云的网络、计算、存储和安全防护等软硬件资源。对于功能相近、重复的政务应用程序，要进行整合迁移，防止同质化。

6. 限制强制功能。除安保、应急等特殊规定外，政务应用程序原则上不得设置打卡签到、积分排名、在线时长等强制使用功能。确需设置或已经设置的，应严格审批，且上述功能不得向用户和个人开放，仅供内部掌握。

7. 防止“空壳”“僵尸”。政务应用程序上线前原则上应对功能完整性、性能稳定性、交互便捷性等进行验收，运行过程中注重收集用户意见，持续优化完善功能性能，提升服务质量和用户体验。对于使用频率低、实用性不强的政务应用程序，应及时关停注销并提前发布公告，依法依规处置相关数据，防止数据泄露及流失。注册运营政务公众账号，要严格控制数量，加强信息更新。

三、强化使用管理

8. 防止强制使用。应制定政务应用程序使用规范，明确目标对象、应用场景、使用要求等，不得强制推广下载，不得限定用户安装使用率，不得强制要求定期登录等。政务公众账号的推广使用应从实际需求出发，不得作强制性要求。在工作群组中，不得脱离工作实际强制要求打卡接龙、即时响应，不得随意摊派任务、索要材料。

9. 防止过度留痕。不得把政务应用程序作为工作考核日常化、督导检查线上化的载体，不得简单以工作留痕代替实际工作成效评价，不得随意要求下级和基层单位通过政务应用程序、工作群组上传不必要的截图或视频。

10. 防止滥用排名。不得滥用政务应用程序、政务公众账号的关注点赞、转发评论功能，不得将其作为考核评价、评比评选的依据。设置积分排名、在线时长的政务应用程序，不应将内部掌握的相关数据用于通报排名和考评。

11. 防止多头填报。要求基层使用政务应用程序报送数据应加强统筹，针对同一事项或数据，原则上应通过“一站式”综合平台、“一张表”形式报送，实现数据互通、信息共享，防止多头填报、重复索要数据。

四、强化安全管理

12. 健全安全体系。严格落实党委（党组）网络意识形态工作责任制、网络安全工作责任制，建立政务应用程序、政务公众账号和工作群组安全管理制度，健全应急处置机制，配强配齐应急处置力量，制定应急预案，开展应急演练，不断优化应急处置流程，有效防范各类突发情况。

13. 加强分类防护。落实网络安全、数据安全、关键信息基础设施安全保护、个人信息保护等相关法律规定，加强全生命周期数据安全管理，依法依规保护数据和个人信息安全。遵守国家保密法律法规，完善保密自监管设施，及时发现处置违反保密法律法规行为。组织做好政务应用程序运行监测，建立健全运维管理规范，严格值班值守和巡查巡检，保障可靠稳定运行。

五、强化组织保障

14. 压实主体责任。按照“谁主办谁负责，谁使用谁负责”的要求确定主办（使用）单位，履行建设、使用和安全管理等各环节的主体责任，主动发现“指尖上的形式主义”问题，及时整改纠错。主办单位上线政务应用程序，应按要求履行 ICP 备案等手续，并在首页上以醒目方式标示主办单位及 ICP 备案编号。鼓励在已备案的应用程序分发平台上架政务应用程序。主办单位应在政务应用程序中提供投诉建议功能，设置“指尖上的形式主义”问题投诉专区，实现在线受理、跟踪反馈和回访评价等。

15. 夯实属地责任。省级党委网络安全和信息化委员会加强本行政区域内政务应用程序、政务公众账号和工作群组管理的指导、协调和监督，加强与省级层面整治形式主义为基层减负工作机制联络沟通，健全工作机制，明确管理机构，规范管理流程。依托现有投诉举报渠道，将“指尖上的形式主义”问题纳入群众监督范围，督促主办（使用）单位及时受理、处置、整改、反馈，回应社会关切。省级党委网信办应组织开展自查自评，并将有关情况向中央网信办报告。

16. 落实监督责任。在中央网络安全和信息化委员会的领导下，中央网信办加强全国政务应用程序、政务公众账号和工作群组的统筹协调管理、政策标准制定和业务监督指导。根据政务应用程序、政务公众账号的用户规模、功能应用、使用频次、影响范围等情况，开展重点监测。会同有关部门对建设、使用、安全管理情况进行抽查评估，开展情况通报，推广先进做法。对于发现的突出问题，及时提出整改意见和问责建议，督促整改纠正。发现违规违纪、严重加重基层负担的突出问题，及时移送纪检监察机关处置。

中国共产党纪律处分条例（节录）

（2003年12月23日中共中央政治局会议审议批准　2003年12月31日中共中央发布　2023年12月8日中共中央政治局会议第三次修订　2023年12月19日中共中央发布）

……

第八章　对违反廉洁纪律行为的处分

第九十四条　党员干部必须正确行使人民赋予的权力，清正廉洁，反对特权思想和特权现象，反对任何滥用职权、谋求私利的行为。

利用职权或者职务上的影响为他人谋取利益，本人的配偶、子女及其配偶等亲属和其他特定关系人收受对方财物，情节较重的，给予警告或者严重警告处分；情节严重的，给予撤销党内职务、留党察看或者开除党籍处分。

第九十五条　相互利用职权或者职务上的影响为对方及其配偶、子女及其配偶等亲属、身边工作人员和其他特定关系人谋取利益搞权权交易的，给予警告或者严重警告处分；情节较重的，给予撤销党内职务或者留党察看处分；情节严重的，给予开除党籍处分。

第九十六条 纵容、默许配偶、子女及其配偶等亲属、身边工作人员和其他特定关系人利用党员干部本人职权或者职务上的影响谋取私利，情节较轻的，给予警告或者严重警告处分；情节较重的，给予撤销党内职务或者留党察看处分；情节严重的，给予开除党籍处分。

党员干部的配偶、子女及其配偶等亲属和其他特定关系人不实际工作而获取薪酬或者虽实际工作但领取明显超出同职级标准薪酬，党员干部知情未予纠正的，依照前款规定处理。

第九十七条 收受可能影响公正执行公务的礼品、礼金、消费卡（券）和有价证券、股权、其他金融产品等财物，情节较轻的，给予警告或者严重警告处分；情节较重的，给予撤销党内职务或者留党察看处分；情节严重的，给予开除党籍处分。

收受其他明显超出正常礼尚往来的财物的，依照前款规定处理。

第九十八条 向从事公务的人员及其配偶、子女及其配偶等亲属和其他特定关系人赠送明显超出正常礼尚往来的礼品、礼金、消费卡（券）和有价证券、股权、其他金融产品等财物，情节较重的，给予警告或者严重警告处分；情节严重的，给予撤销党内职务或者留党察看处分。

以讲课费、课题费、咨询费等名义变相送礼的，依照前款规定处理。

第九十九条 借用管理和服务对象的钱款、住房、车辆等，可能影响公正执行公务，情节较重的，给予警告或者严重警告处分；情节严重的，给予撤销党内职务、留党察看或者开除党籍处分。

通过民间借贷等金融活动获取大额回报，可能影响公正执行公务的，依照前款规定处理。

第一百条 利用职权或者职务上的影响操办婚丧喜庆事宜，造成不良影响的，给予警告或者严重警告处分；情节严重的，给予撤销党内职务处分；借机敛财或者有其他侵犯国家、集体和人民利益行为的，从重或者加重处分，直至开除党籍。

第一百零一条 接受、提供可能影响公正执行公务的宴请或者旅游、健身、娱乐等活动安排，情节较重的，给予警告或者严重警告处分；情节严重的，给予撤销党内职务或者留党察看处分。

第一百零二条 违反有关规定取得、持有、实际使用运动健身卡、会所和俱乐部会员卡、高尔夫球卡等各种消费卡（券），或者违反有关规定出入私人会所，情节较重的，给予警告或者严重警告处分；情节严重的，给予撤销党内职务或者留党察看处分。

第一百零三条 违反有关规定从事营利活动，有下列行为之一，情节较轻的，给予警告或者严重警告处分；情节较重的，给予撤销党内职务或者留党察看处分；情节严重的，给予开除党籍处分：

（一）经商办企业；

（二）拥有非上市公司（企业）的股份或者证券；

（三）买卖股票或者进行其他证券投资；

（四）从事有偿中介活动；

（五）在国（境）外注册公司或者投资入股；

（六）其他违反有关规定从事营利活动的行为。

利用参与企业重组改制、定向增发、兼并投资、土地使用权出让等工作中掌握的信息买卖股票，利用职权或者职务上的影响通过购买信托产品、基金等方式非正常获利的，依照前款规定处理。

违反有关规定在经济组织、社会组织等单位中兼职，或者经批准兼职但获取薪酬、奖金、津贴等额外利益的，依照第一款规定处理。

第一百零四条 利用职权或者职务上的影响，为配偶、子女及其配偶等亲属和其他特定关系人在审批监管、资源开发、金融信贷、大宗采购、土地使用权出让、房地产开发、工程招投标以及公共财政收支等方面谋取利益，情节较轻的，给予警告或者严重警告处分；情节较重的，给予撤销党内职务或者留党察看处分；情节严重的，给予开除党籍处分。

利用职权或者职务上的影响，为配偶、子女及其配偶等亲属和其他特定关系人吸收存款、推销金融产品、经营名贵特产类特殊资源等提供帮助谋取利益的，依照前款规定处理。

第一百零五条 离职或者退（离）休后违反有关规定接受原任职务管辖的地区和业务范围内或者与原工作业务直接相关的企业和中介机构等单位的聘用，或者个人从事与原任职务管辖业务或者与原工作业务直接相关的营利活动，情节较轻的，给予警告或者严重警告处分；情节较重的，给予撤销党内职务处分；情节严重的，给予留党察看处分。

党员领导干部离职或者退（离）休后违反有关规定担任上市公司、基金管理公司独立董事、独立监事等职务，情节较轻的，给予警告或者严重警告处分；情节较重的，给予撤销党内职务处分；情节严重的，给予留党察看处分。

第一百零六条 离职或者退（离）休后利用原职权或者职务上的影响，为配偶、子女及其配偶等亲属和其他特定关系人从事经营活动谋取利益，情节较轻的，给予警告或者严重警告处分；情节较重的，给予撤销党内职务或者留党察看处分；情节严重的，给予开除党籍处分。

离职或者退（离）休后利用原职权或者职务上的影响为他人谋取利益，本人的配偶、子女及其配偶等亲属和其他特定关系人收受对方财物，情节较重的，给予警告或者严重警告处分；情节严重的，给予撤销党内职务、留党察看或者开除党籍处分。

第一百零七条 党员领导干部的配偶、子女及其配偶，违反有关规定在该党员领导干部管辖的地区和业务范围内从事可能影响其公正执行公务的经营活动，或者有其他违反经商办企业禁业规定行为的，该党员领导干部应当按照规定予以纠正；拒不纠正的，其本人应当辞去现任职务或者由组织予以调整职务；不辞去现任职务或者不服从组织调整职务的，给予撤销党内职务处分。

第一百零八条 党和国家机关违反有关规定经商办企业的，对直接责任者和领导责任者，给予警告或者严重警告处分；情节严重的，给予撤销党内职务处分。

第一百零九条 党员领导干部违反工作、生活保障制度，在交通、医疗、警卫等方面为本人、配偶、子女及其配偶等亲属、身边工作人员和其他特定关系人谋求特殊待遇，情节较重的，给予警告或者严重警告处分；情节严重的，给予撤销党内职务或者留党察看处分。

第一百一十条 在分配、购买住房中侵犯国家、集体利益，情节较轻的，给予警告或者严重警告处分；情节较重的，给予撤销党内职务或者留党察看处分；情节严重的，给予开除党籍处分。

第一百一十一条 利用职权或者职务上的影响，侵占非本人经管的公私财物，或者以象征性地支付钱款等方式侵占公私财物，或者无偿、象征性地支付报酬接受服务、使用劳务，情节较轻的，给予警告或者严重警告处分；情节较重的，给予撤销党内职务或者留党察看处分；情节严重的，给予开除党籍处分。

利用职权或者职务上的影响，将应当由本人、配偶、子女及其配偶等亲属、身边工作人员和其他特定关系人个人支付的费用，由下属单位、其他单位或者他人支付、报销的，依照前款规定处理。

第一百一十二条 利用职权或者职务上的影响，违反有关规定占用公物归个人使用，时间超过六个月，情节较重的，给予警告或者严重警告处分；情节严重的，给予撤销党内职务处分。

占用公物进行营利活动的，给予警告或者严重警告处分；情节较重的，给予撤销党内职务或者留党察看处分；情节严重的，给予开除党籍处分。

将公物借给他人进行营利活动的，依照前款规定处理。

第一百一十三条 违反有关规定组织、参加用公款支付的宴请、娱乐、健身活动，或者用公款购买赠送或者发放礼品、消费卡（券）等，对直接责任者和领导责任者，情节较轻的，给予警告或者严重警告处分；情节较重的，给予撤销党内职务或者留党察看处分；情节严重的，给予开除党籍处分。

第一百一十四条 违反有关规定自定薪酬或者滥发津贴、补贴、奖金、福利等，对直接责任者和领导责任者，情节较轻的，给予警告或者严重警告处分；情节较重的，给予撤销党内职务或者留党察看处分；情节严重的，给予开除党籍处分。

第一百一十五条 有下列行为之一，对直接责任者和领导责任者，情节较轻的，给予警告或者严重警告处分；情节较重的，给予撤销党内职务或者留党察看处分；情节严重的，给予开除党籍处分：

（一）公款旅游或者以学习培训、考察调研、职工疗养等为名变相公款旅游；

（二）改变公务行程，借机旅游；

（三）参加所管理企业、下属单位组织的考察活动，借机旅游。

以考察、学习、培训、研讨、招商、参展等名义变相用公款出国（境）旅游的，对直接责任者和领导责任者，依照前款规定处理。

第一百一十六条 违反接待管理规定，超标准、超范围接待或者借机大吃大喝，对直接责任者和领导责任者，情节较重的，给予警告或者严重警告处分；情节严重的，给予撤销党内职务处分。

第一百一十七条 违反有关规定配备、购买、更换、装饰、使用公务交通工具或者有其他违反公务交通工具管理规定的行为，对直接责任者和领导责任者，情节较重的，给予警告或者严重警告处分；情节严重的，给予撤销党内职务或者留党察看处分。

第一百一十八条 违反会议活动管理规定，有下列行为之一，对直接责任者和领导责任者，情节较重的，给予警告或者严重警告处分；情节严重的，给予撤销党内职务处分：

（一）到禁止召开会议的风景名胜区开会；

（二）决定或者批准举办各类节会、庆典活动；

（三）其他违反会议活动管理规定行为。

擅自举办评比达标表彰、创建示范活动或者借评比达标表彰、创建示范活动收取费用的，对直接责任者和领导责任者，依照前款规定处理。

第一百一十九条 违反办公用房管理等规定，有下列行为之一，对直接责任者和领导责任者，情节较重的，给予警告或者严重警告处分；情节严重的，给予撤销党内职务处分：

（一）决定或者批准兴建、装修办公楼、培训中心等楼堂馆所；

（二）超标准配备、使用办公用房；

（三）未经批准租用、借用办公用房；

（四）用公款包租、占用客房或者其他场所供个人使用；

（五）其他违反办公用房管理等规定行为。

第一百二十条 搞权色交易或者给予财物搞钱色交易的，给予警告或者严重警告处分；情节较重的，给予撤销党内职务或者留党察看处分；情节严重的，给予开除党籍处分。

第一百二十一条 有其他违反廉洁纪律规定行为的，应当视具体情节给予警告直至开除党籍处分。

第九章　对违反群众纪律行为的处分

第一百二十二条　有下列行为之一，对直接责任者和领导责任者，情节较轻的，给予警告或者严重警告处分；情节较重的，给予撤销党内职务或者留党察看处分；情节严重的，给予开除党籍处分：

（一）超标准、超范围向群众筹资筹劳、摊派费用，加重群众负担；

（二）违反有关规定扣留、收缴群众款物或者处罚群众；

（三）克扣群众财物，或者违反有关规定拖欠群众钱款；

（四）在管理、服务活动中违反有关规定收取费用；

（五）在办理涉及群众事务时刁难群众、吃拿卡要；

（六）其他侵害群众利益行为。

在乡村振兴领域有上述行为的，从重或者加重处分。

第一百二十三条　干涉生产经营自主权，致使群众财产遭受较大损失的，对直接责任者和领导责任者，给予警告或者严重警告处分；情节严重的，给予撤销党内职务或者留党察看处分。

第一百二十四条　在社会保障、社会救助、政策扶持、救灾救济款物分配等事项中优亲厚友、明显有失公平的，给予警告或者严重警告处分；情节较重的，给予撤销党内职务或者留党察看处分；情节严重的，给予开除党籍处分。

第一百二十五条　利用宗族或者黑恶势力等欺压群众，或者纵容涉黑涉恶活动、为黑恶势力充当“保护伞”的，给予撤销党内职务或者留党察看处分；情节严重的，给予开除党籍处分。

第一百二十六条 有下列行为之一，对直接责任者和领导责任者，情节较重的，给予警告或者严重警告处分；情节严重的，给予撤销党内职务或者留党察看处分：

（一）对涉及群众生产、生活等切身利益的问题依照政策或者有关规定能解决而不及时解决，庸懒无为、效率低下，造成不良影响；

（二）对符合政策的群众诉求消极应付、推诿扯皮，损害党群、干群关系；

（三）对待群众态度恶劣、简单粗暴，造成不良影响；

（四）弄虚作假，欺上瞒下，损害群众利益；

（五）其他不作为、乱作为、慢作为、假作为等损害群众利益行为。

第一百二十七条 遇到国家财产和群众生命财产受到严重威胁时，能救而不救，情节较重的，给予警告、严重警告或者撤销党内职务处分；情节严重的，给予留党察看或者开除党籍处分。

第一百二十八条 不按照规定公开党务、政务、厂务、村（居）务等，侵犯群众知情权，对直接责任者和领导责任者，情节较重的，给予警告或者严重警告处分；情节严重的，给予撤销党内职务或者留党察看处分。

第一百二十九条 有其他违反群众纪律规定行为的，应当视具体情节给予警告直至开除党籍处分。

第十章　对违反工作纪律行为的处分

第一百三十条 工作中不负责任或者疏于管理，贯彻执行、检查督促落实上级决策部署不力，给党、国家和人民利益以及公共财产造成较大损失的，对直接责任者和领导责任者，给予警告或者严重警告处分；造成重大损失的，给予撤销党内职务、留党察看或者开除党籍处分。

党员领导干部对于到任前已经存在且属于其职责范围内的问题，消极回避、推卸责任，造成严重损害或者严重不良影响的，依照前款规定处理。

第一百三十一条 工作中不敢斗争、不愿担当，面对重大矛盾冲突、危机困难临阵退缩，造成不良影响或者严重后果的，给予警告或者严重警告处分；情节严重的，给予撤销党内职务、留党察看或者开除党籍处分。

第一百三十二条 有下列行为之一，造成严重损害或者严重不良影响的，对直接责任者和领导责任者，给予警告或者严重警告处分；情节较重的，给予撤销党内职务或者留党察看处分；情节严重的，给予开除党籍处分：

（一）热衷于搞舆论造势、浮在表面；

（二）单纯以会议贯彻会议、以文件落实文件，在实际工作中不见诸行动；

（三）脱离实际，不作深入调查研究，搞随意决策、机械执行；

（四）违反精文减会有关规定搞文山会海；

（五）在督查检查考核等工作中搞层层加码、过度留痕，增加基层工作负担；

（六）工作中其他形式主义、官僚主义行为。

第一百三十三条 在公务活动用餐、单位食堂用餐管理工作中不履行或者不正确履行宣传教育、监督管理职责，导致餐饮浪费，造成严重不良影响的，对直接责任者和领导责任者，给予警告或者严重警告处分；情节严重的，给予撤销党内职务处分。

第一百三十四条 在机构编制工作中，有下列行为之一，造成不良影响或者严重后果的，对直接责任者和领导责任者，给予警告或者严重警告处分；情节较重的，给予撤销党内职务或者留党察看处分；情节严重的，给予开除党籍处分：

（一）擅自超出“三定”规定范围调整职责、设置机构、核定领导职数和配备人员；

（二）违规干预地方机构设置；

（三）其他违反机构编制管理规定行为。

第一百三十五条 在信访工作中，有下列行为之一，造成不良影响或者严重后果的，对直接责任者和领导责任者，给予警告或者严重警告处分；情节较重的，给予撤销党内职务或者留党察看处分；情节严重的，给予开除党籍处分：

（一）不按照规定受理、办理信访事项；

（二）对规模性集体访等处置不力，导致事态扩大；

（三）对党委和政府信访部门提出的改进工作、完善政策等建议重视不够、落实不力，导致问题长期得不到解决；

（四）其他不履行或者不正确履行信访工作职责行为。

不履行或者不正确履行职责，导致信访事项发生，造成不良影响或者严重后果的，对直接责任者和领导责任者，依照前款规定处理。

第一百三十六条 党组织有下列行为之一，对直接责任者和领导责任者，情节较重的，给予警告或者严重警告处分；情节严重的，给予撤销党内职务或者留党察看处分：

（一）党员被立案审查期间，擅自批准其出差、出国（境）、辞职，或者对其交流、提拔职务、晋升职级、进一步使用、奖励，或者办理退休手续；

（二）党员被依法追究刑事责任后，不按照规定给予党纪处分，或者对党员违反国家法律法规的行为，应当给予党纪处分而不处分；

（三）党纪处分决定或者申诉复查决定作出后，不按照规定落实决定中关于被处分人党籍、职务、职级、待遇等事项；

（四）党员受到党纪处分后，不按照干部管理权限和组织关系对受处分党员开展日常教育、管理和监督工作。

第一百三十七条 滥用问责，或者在问责工作中严重不负责任，造成不良影响的，对直接责任者和领导责任者，给予警告或者严重警告处分；情节严重的，给予撤销党内职务处分。

第一百三十八条 因工作不负责任致使所管理的人员叛逃的，对直接责任者和领导责任者，给予警告或者严重警告处分；情节严重的，给予撤销党内职务处分。

因工作不负责任致使所管理的人员出逃、出走，对直接责任者和领导责任者，情节较重的，给予警告或者严重警告处分；情节严重的，给予撤销党内职务处分。

第一百三十九条 进行统计造假，对直接责任者和领导责任者，情节较轻的，给予警告或者严重警告处分；情节较重的，给予撤销党内职务或者留党察看处分；情节严重的，给予开除党籍处分。

对统计造假失察，造成严重后果的，对直接责任者和领导责任者，给予警告或者严重警告处分；情节严重的，给予撤销党内职务、留党察看或者开除党籍处分。

第一百四十条 在上级检查、视察工作或者向上级汇报、报告工作时对应当报告的事项不报告或者不如实报告，造成严重损害或者严重不良影响的，对直接责任者和领导责任者，给予警告或者严重警告处分；情节严重的，给予撤销党内职务或者留党察看处分。

在上级检查、视察工作或者向上级汇报、报告工作时纵容、唆使、暗示、强迫下级说假话、报假情的，从重或者加重处分。

第一百四十一条 违反有关规定干预和插手市场经济活动，有下列行为之一，情节较轻的，给予警告或者严重警告处分；情节较重的，给予撤销党内职务或者留党察看处分；情节严重的，给予开除党籍处分：

（一）干预和插手建设工程项目承发包、土地使用权出让、政府采购、房地产开发与经营、矿产资源开发利用、中介机构服务等活动；

（二）干预和插手国有企业重组改制、兼并、破产、产权交易、清产核资、资产评估、资产转让、重大项目投资以及其他重大经营活动等事项；

（三）干预和插手批办各类行政许可和资金借贷等事项；

（四）干预和插手经济纠纷；

（五）干预和插手集体资金、资产和资源的使用、分配、承包、租赁等事项。

第一百四十二条 违反有关规定干预和插手司法活动、执纪执法活动，向有关地方或者部门打听案情、打招呼、说情，或者以其他方式对司法活动、执纪执法活动施加影响，情节较轻的，给予严重警告处分；情节较重的，给予撤销党内职务或者留党察看处分；情节严重的，给予开除党籍处分。

违反有关规定干预和插手公共财政资金分配、项目立项评审、功勋荣誉表彰奖励等活动，造成重大损失或者不良影响的，依照前款规定处理。

第一百四十三条 按照有关规定对干预和插手行为负有报告和登记义务的受请托人，不按照规定报告或者登记，情节较重的，给予警告或者严重警告处分；情节严重的，给予撤销党内职务处分。

第一百四十四条 泄露、扩散或者打探、窃取党组织关于干部选拔任用、纪律审查、巡视巡察等尚未公开事项或者其他应当保密的内容的，给予警告或者严重警告处分；情节较重的，给予撤销党内职务或者留党察看处分；情节严重的，给予开除党籍处分。

私自留存涉及党组织关于干部选拔任用、纪律审查、巡视巡察等方面资料，情节较重的，给予警告或者严重警告处分；情节严重的，给予撤销党内职务处分。

第一百四十五条 在考试、录取工作中，有泄露试题、考场舞弊、涂改考卷、违规录取等违反有关规定行为的，给予警告或者严重警告处分；情节较重的，给予撤销党内职务或者留党察看处分；情节严重的，给予开除党籍处分。

第一百四十六条 以不正当方式谋求本人或者其他人用公款出国（境），情节较轻的，给予警告处分；情节较重的，给予严重警告处分；情节严重的，给予撤销党内职务处分。

第一百四十七条 临时出国（境）团（组）或者人员中的党员，擅自延长在国（境）外期限，或者擅自变更路线的，对直接责任者和领导责任者，给予警告或者严重警告处分；情节严重的，给予撤销党内职务处分。

第一百四十八条 驻外机构或者临时出国（境）团（组）中的党员，触犯驻在国家、地区的法律、法令或者不尊重驻在国家、地区的宗教习俗，情节较重的，给予警告或者严重警告处分；情节严重的，给予撤销党内职务、留党察看或者开除党籍处分。

第一百四十九条 在党的纪律检查、组织、宣传、统一战线工作以及机关工作等其他工作中，不履行或者不正确履行职责，造成损失或者不良影响的，应当视具体情节给予警告直至开除党籍处分。

第十一章　对违反生活纪律行为的处分

第一百五十条 生活奢靡、铺张浪费、贪图享乐、追求低级趣味，造成不良影响的，给予警告或者严重警告处分；情节严重的，给予撤销党内职务处分。

第一百五十一条 与他人发生不正当性关系，造成不良影响的，给予警告或者严重警告处分；情节较重的，给予撤销党内职务或者留党察看处分；情节严重的，给予开除党籍处分。

利用职权、教养关系、从属关系或者其他相类似关系与他人发生性关系的，从重处分。

第一百五十二条 党员领导干部不重视家风建设，对配偶、子女及其配偶失管失教，造成不良影响或者严重后果的，给予警告或者严重警告处分；情节严重的，给予撤销党内职务处分。

第一百五十三条 违背社会公序良俗，在公共场所、网络空间有不当言行，造成不良影响的，给予警告或者严重警告处分；情节较重的，给予撤销党内职务或者留党察看处分；情节严重的，给予开除党籍处分。

第一百五十四条 有其他严重违反社会公德、家庭美德行为的，应当视具体情节给予警告直至开除党籍处分。

……

国有企业管理人员处分条例（节录）

（2024年4月26日国务院第31次常务会议通过 2024年5月21日中华人民共和国国务院令第781号公布 自2024年9月1日起施行）

……

第十九条 国有企业管理人员有下列行为之一的，依据公职人员政务处分法第三十三条的规定，予以警告、记过或者记大过；情节较重的，予以降级或者撤职；情节严重的，予以开除：

（一）利用职务上的便利，侵吞、窃取、骗取或者以其他手段非法占有、挪用本企业以及关联企业的财物、客户资产等；

（二）利用职务上的便利，索取他人财物或者非法收受他人财物，为他人谋取利益；

（三）为谋取不正当利益，向国家机关、国家出资企业、事业单位、人民团体，或者向国家工作人员、企业或者其他单位的工作人员，外国公职人员、国际公共组织官员行贿；

（四）利用职权或者职务上的影响，违反规定在企业关系国有资产出资人权益的重大事项以及工程建设、资产处置、出版发行、招标投标等活动中为本人或者他人谋取私利；

（五）纵容、默许特定关系人利用本人职权或者职务上的影响，在企业关系国有资产出资人权益的重大事项以及企业经营管理活动中谋取私利；

（六）违反规定，以单位名义将国有资产集体私分给个人。

拒不纠正特定关系人违反规定任职、兼职或者从事经营活动，且不服从职务调整的，予以撤职。

第二十条 国有企业管理人员有下列行为之一，依据公职人员政务处分法第三十五条的规定，情节较重的，予以警告、记过或者记大过；情节严重的，予以降级或者撤职：

（一）超提工资总额或者超发工资，或者在工资总额之外以津贴、补贴、奖金等其他形式设定和发放工资性收入；

（二）未实行工资总额预算管理，或者未按规定履行工资总额备案或者核准程序；

（三）违反规定，自定薪酬、奖励、津贴、补贴和其他福利性货币收入；

（四）在培训活动、办公用房、公务用车、业务招待、差旅费用等方面超过规定的标准、范围；

（五）公款旅游或者以学习培训、考察调研、职工疗养等名义变相公款旅游。

第二十一条 国有企业管理人员有下列行为之一的，依据公职人员政务处分法第三十六条的规定，予以警告、记过或者记大过；情节较重的，予以降级或者撤职；情节严重的，予以开除：

（一）违反规定，个人经商办企业、拥有非上市公司（企业）股份或者证券、从事有偿中介活动、在国（境）外注册公司或者进行投资入股等营利性活动；

（二）利用职务上的便利，为他人经营与所任职企业同类经营的企业；

（三）违反规定，未经批准在本企业所出资企业或者其他企业、事业单位、社会组织、中介机构、国际组织等兼任职务；

（四）经批准兼职，但是违反规定领取薪酬或者获取其他收入；

（五）利用企业内幕信息或者其他未公开的信息、商业秘密、无形资产等谋取私利。

第二十二条 国有企业管理人员在履行提供社会公共服务职责过程中，侵犯服务对象合法权益或者社会公共利益，被监管机构查实并提出处分建议的，依据公职人员政务处分法第三十八条的规定，情节较重的，予以警告、记过或者记大过；情节严重的，予以降级或者撤职；情节特别严重的，予以开除。

……

第二十五条 国有企业管理人员有下列行为之一，造成不良后果或者影响的，依据公职人员政务处分法第三十九条的规定，予以警告、记过或者记大过；情节较重的，予以降级或者撤职；情节严重的，予以开除：

（一）泄露企业内幕信息或者商业秘密；

（二）伪造、变造、转让、出租、出借行政许可证件、资质证明文件，或者出租、出借国有企业名称或者企业名称中的字号；

（三）违反规定，举借或者变相举借地方政府债务；

（四）在中华人民共和国境外违反规定造成重大工程质量问题、引起重大劳务纠纷或者其他严重后果；

（五）不履行或者不依法履行安全生产管理职责，导致发生生产安全事故；

（六）在工作中有敷衍应付、推诿扯皮，或者片面理解、机械执行党和国家路线方针政策、重大决策部署等形式主义、官僚主义行为；

（七）拒绝、阻挠、拖延依法开展的出资人监督、审计监督、财会监督工作，或者对出资人监督、审计监督、财会监督发现的问题拒不整改、推诿敷衍、虚假整改；

（八）不依法提供有关信息、报送有关报告或者履行信息披露义务，或者配合其他主体从事违法违规行为；

（九）不履行法定职责或者违法行使职权，侵犯劳动者合法权益；

（十）违反规定，拒绝或者延迟支付中小企业款项、农民工工资等；

（十一）授意、指使、强令、纵容、包庇下属人员违反法律法规规定。

……

图书在版编目（CIP）数据

改进工作作风密切联系群众制度规范指引 /《改进工作作风密切联系群众制度规范指引》编写组编. 北京 ： 中国法治出版社，2025. 4. -- ISBN 978-7-5216-5263-5

Ⅰ. D261. 3

中国国家版本馆 CIP 数据核字第 2025U62Y42 号

责任编辑：陈晓冉　　　　封面设计：李　宁

改进工作作风密切联系群众制度规范指引

GAIJIN GONGZUO ZUOFENG MIQIE LIANXI QUNZHONG ZHIDU GUIFAN ZHIYIN

编者/《改进工作作风密切联系群众制度规范指引》编写组
经销/新华书店
印刷/三河市紫恒印装有限公司
开本/880 毫米×1230 毫米　32 开　　　　印张/ 4. 5　字数/ 81 千
版次/2025 年 4 月第 1 版　　　　2025 年 4 月第 1 次印刷

中国法治出版社出版
书号 ISBN 978-7-5216-5263-5　　　　定价：20. 00 元

北京市西城区西便门西里甲 16 号西便门办公区
邮政编码：100053　　　　传真：010-63141600
网址：http：//www. zgfzs. com　　　　**编辑部电话：010-63141835**
市场营销部电话：010-63141612　　　　**印务部电话：010-63141606**

（如有印装质量问题，请与本社印务部联系。）